经济数据分析

杨廷干　李佩瑾　著

中国财经出版传媒集团
中国财政经济出版社

图书在版编目（CIP）数据

经济数据分析/杨廷干，李佩瑾著．—北京：中国财政经济出版社，2019.3

ISBN 978-7-5095-8886-4

Ⅰ.①经… Ⅱ.①杨…②李 Ⅲ.①经济统计-统计数据-分析-研究 Ⅳ.①F222.1

中国版本图书馆 CIP 数据核字（2019）第 044783 号

责任编辑：胡 懿　　　　　　　责任校对：李　丽
封面设计：王　颖

中国财政经济出版社出版

URL：http://www.cfeph.cn
E-mail：cfeph@cfeph.cn
（版权所有　翻印必究）
社址：北京市海淀区阜成路甲 28 号　邮政编码：100142
营销中心电话：010-88191537
北京财经印刷厂印刷　各地新华书店经销
710×1000 毫米　16 开　9.75 印张　162 000 字
2019 年 3 月第 1 版　2019 年 3 月北京第 1 次印刷
定价：40.00 元
ISBN 978-7-5095-8886-4
（图书出现印装问题，本社负责调换）
本社质量投诉电话：010-88190744
打击盗版举报热线：010-88191661　　QQ：2242791300

目 录

第一章　经济数据及其分析框架 …………………………………（ 1 ）
　第一节　国民经济及其循环流程 …………………………………（ 1 ）
　第二节　国民经济账户体系：1968 …………………………………（ 3 ）
　第三节　国民经济账户体系：2008 …………………………………（ 6 ）
　第四节　经济数据分析的一般方法 …………………………………（ 16 ）

第二章　经济总量数据分析 …………………………………（ 27 ）
　第一节　国民收入分析原理 …………………………………（ 27 ）
　第二节　国民收入分析指标 …………………………………（ 35 ）
　第三节　国民收入分析应用示例 …………………………………（ 40 ）

第三章　产业关联数据分析 …………………………………（ 47 ）
　第一节　投入产出表的结构与两个消耗指标 …………………………………（ 47 ）
　第二节　SNA 式投入产出表（UV 表） …………………………………（ 51 ）
　第三节　投入产出模型与模型求解 …………………………………（ 58 ）
　第四节　投入产出系数的修订方法 …………………………………（ 61 ）

第四章 资金流量数据分析 ……………………………………（64）

第一节 资金流量核算原理 ……………………………………（65）

第二节 资金流量分析指标 ……………………………………（70）

第三节 资金流量分析的应用示例 ……………………………（84）

第五章 资产负债数据分析 ……………………………………（96）

第一节 资产负债核算原理 ……………………………………（97）

第二节 资产负债分析指标 ……………………………………（103）

第三节 资产负债分析应用示例 ………………………………（109）

第六章 国际收支数据分析 ……………………………………（115）

第一节 国际收支分析原理 ……………………………………（115）

第二节 国际收支分析指标 ……………………………………（122）

第三节 国际收支分析应用示例 ………………………………（134）

参考文献 …………………………………………………………（144）

后　　记 …………………………………………………………（149）

第一章
经济数据及其分析框架

经济数据分析（国民经济核算）是经济数量分析的基础环节，科学确认、准确计量、系统设计、及时适用的经济数据在经济数量分析中具有至关重要的意义。没有科学的经济数据，经济数量分析就是一种数学游戏。斯通、库兹涅茨、列昂节夫、米德等经济学家为构建经济数据分析的理论框架做出了卓越贡献。威廉·配第（William Petty）最早估算了英国的国民收入，库兹涅茨第一次计算了美国的国民收入，他们都被认为是经济统计学派的代表人物。

联合国等国际组织在世界范围内组织有关专家制定了一整套经济数据分析的标准和规范（SNA），使国与国之间的经济数据比较成为可能，为国际经济交往、国际贸易投资活动提供了极大的便利，SNA 成为经济全球化背景下的"世界语"。

第一节 国民经济及其循环流程

国民经济是一个复杂系统，从横向上看，包括从事各种经济活动的单位和部门，从纵向上看，包括社会再生产各环节。从经济数据角度观察国民经济及其循环流程，涉及国民经济计量的依据、国民收入的价值结构，涉及国民收入决定和均衡的基本理论。

萨伊提出商品价值由劳动、资本、土地这三个要素提供的生产性服务共同创造，工资、利息和地租则是这三要素各自创造的收入。马歇尔把企业家的经营管理才能作为第四个生产要素，其相应报酬就是利润，凯恩斯和 SNA 的设计者都把这样一种国民收入的价值构成理论作为国民经济计量的依据。

凯恩斯分别从消费与投资，或消费与储蓄的变动来分析决定国民收入的均衡水平。凯恩斯主要考察商品市场，希克斯和汉森则用 IS－LM 分析方法对商品市场和货币市场的同时均衡进行分析。为了观察政府对国民经济进行调节干预后国民收入的变化以及对社会就业量的影响，在居民户、企业两部门基础上引入政府部门，"两部门经济"扩展为"三部门经济"。米德进一步阐述了国内与国外的关系，发展了属于开放型经济的 IS－LM－BP 分析，把封闭型的"三部门经济"进一步扩展为包括对外贸易在内的开放型的"四部门经济"。国民收入决定及其均衡的基本恒等式如表 1－1 所示：

表 1－1　　　　　　　　　国民经济基本恒等式①

	国民生产总值恒等式	储蓄与投资恒等式
两部门	$C+S \equiv C+I$	$S \equiv I$
三部门	$C+S+T \equiv C+I+G$	$S+(T-G) \equiv I$
四部门	$C+R_{pf}+S+T \equiv C+I_d+G+(X-M)$	$S+(T-G-R_{gf}-R_{gif})+R_{cg} \equiv I_d+I_f$

在表 1－1 的恒等式中：C 表示居民户消费的货物和服务；R_{pf} 表示个人对外国人的转移支付；S 表示私人储蓄；I_d 表示国内投资总额；I 表示投资；R_{gf} 表示本国政府对外国人的转移支付；T 表示税收；R_{gif} 表示本国政府支付给外国人的利息；G 表示政府消费的货物和服务；R_{cg} 表示国内经济接受国外的资本赠予；X 表示出口；I_f 表示对外投资总额；M 表示进口。

从社会再生产的循环流程看，生产活动是人类最基本的经济活动，生产活动在劳动力、生产资料等生产要素的参与下进行，生产部门对这些生产要素给予报酬后，这些报酬就构成消费部门的收入，人们又利用这些收入向生产部门购买消费品，生产部门又把它得到的销售收入用于雇佣劳动力和购买资本物等生产资料，使生产得以继续，这时的经济体系只有生产和消费两个部门，生产成果全部用于消费，生产规模维持不变，是简单再生产；当消费部门只把部分收入用于购买消费品，而把其余部分储蓄起来，这部分储蓄就可以用来为生产部门购买固定资产和增加储备，为扩大再生产做准备，这样又形成一个"积累部门"；当一国经济同外国发生进出口贸易和其他经济关系而成为开放经济时，还要再增加一个"国外部门"。生产部门、消费部门、积累部门、国外部

---

① 夏皮罗：《宏观经济分析》，中国社会科学出版社 1985 年版。

门四个最概括的综合部门形成经济数据分析的基本体系，而国民经济核算就以这个基本体系为依据，建立生产、消费、积累、国外四个国民经济综合账户，形成逻辑严密的核算架构。

第二节　国民经济账户体系：1968

国民经济的运转，可以通过 SNA 的基本体系，即生产、消费、积累和国外四大账户的相互关系反映出来。根据国民经济活动"有收有支、收支相等"的对称原则，把国民经济中所有发生收支活动的部门作为记账单位，分别编制相应的账户平衡表，就形成国民经济账户体系。国民经济核算的基本体系就是由相互联系和统一的生产、消费、积累和国外四个领域所组成。国民经济生产、消费、积累、国外四个概括性的账户表式如下①：

一、生产

国内生产账户如表 1-2 所示：

表 1-2　　　　　　　　国内生产账户　　　　　　　　单位：亿元

支出		收入	
（1）总收入支付额（增加值）（9） （2）进口品购买额（18）	473 107	（3）消费品销售额（6） （4）资本物销售额（12） （5）出口品销售额（16）	400 80 100
总计	580	总计	580

二、消费

收入和支出账户如表 1-3 所示：

---

① 引自《国民经济核算体系》（中译本），中国财政经济出版社 1982 年版。

表1–3 收入和支出账户 单位：亿元

支出		收入	
（6）消费品购买额（3）	400	（9）自国内生产得到的总收入（1）	473
（7）储蓄（15）	38	（10）减：固定资本消耗准备（13）	-40
（8）向国外现期转移净额（19）	8	（11）来自国外的已分配的要素收入净额（17）	13
总计	446	总计	446

三、积累

资本交易账户如表1–4所示：

表1–4 资本交易账户 单位：亿元

支出		收入	
（12）资本物购买额（4）	80	（15）储蓄（7）	38
（13）减：固定资本消耗准备（10）	-40		
（14）向国外贷出净额（20）	-2		
总计	38	总计	38

四、国外

收支平衡账户如表1–5所示：

表1–5 收支平衡账户 单位：亿元

支出		收入	
（16）出口品购买额（5）	100	（18）进口品销售额（2）	107
（17）已分配的要素收入净支付额（11）	13	（19）现期转移净额（8）	8
		（20）借入净额（4）	-2
总计	113	总计	113

  这四个账户延伸展开组成内容丰富的账户体系，借助矩阵、平衡表、方程式等多种方法，构造一个完整的国民经济核算体系。

  这种形式的账户，每个账户本身收支双方在总额上是平衡的，同时各账户之间又是密切联系的，即一个账户中的某项收入必然是另一账户中的一项支出，整个体系处于全部均衡状态。但是如果遇到上百个账户和上千项交易，这种形式就显得过于繁杂，而且难以看出各账户之间的关系，因此 SNA 设计了矩阵新式来描述国民经济的运转情况（见表 1-6）

表 1-6　　　　　　矩阵形式的国民经济四大账户　　　　　　单位：亿元

	1	2	3	4	总计
1. 生产		400	80	100	580
2. 消费	473		-40	13	446
3. 积累		38			38
4. 国外	107	8	-2		113
总计	580	446	38	113	

上述包括国民经济四大账户的基本体系，只设计四个账户之间的流量，没有反映资产和负债，即存量的情况。这对说明一国经济的全貌和发展变化是不够的。因此，有必要把基本体系加以延伸，把国民资产负债表也包括进来（见表 1-7）

表 1-7　　　　　　包括资产负债表的国民经济账户　　　　　　单位：亿元

	1	2	3	4	5	6	7
1. 期初资产净额				693			
2. 生产			400	80	100		
3. 消费		473		-40	13		
4. 积累	693		38			44	64
5. 国外		107	8	-2			
6. 重估价				44			
7. 期末资产净额				775			

把整个国民经济的资产负债表引进基本体系，既反映了国民经济的流量，又反映了它的存量，而深入细致地研究一国国民经济，还需要根据不同的目的对基本账户进行进一步分类，也就是使这个体系包括分解程度不同的各个次级账户。

第三节　国民经济账户体系：2008

2008 年国民经济核算体系在账户设置上依然以国民经济及其循环流程为依据，设计的国民经济账户包括经常账户、积累账户、货物和服务账户、国外账户、存量数据和流量数据的整合、合并账户，从流量到存量反映国民经济生产、消费、积累、国外几个主要方面。

经常账户包括生产账户、收入初次分配账户、收入再分配账户以及收入使用账户，各账表形式如表 1-8 和表 1-9 所示①：

表 1-8　　　　　　　　　生产账户——使用方　　　　　　　　单位：亿元

交易和平衡项	非金融公司	金融公司	一般政府	住户	NPISH	经济总体	国外	货物和服务	合计
产出								3 604	3 604
市场产出								3 077	3 077
为自身最终使用的产出								147	147
非市场产出								380	380
中间消耗	1 477	52	222	115	17	1 883			1 883
产品税								141	141
产品补贴（-）								-8	-8
总增加值/国内生产总值（GDP）	1 331	94	126	155	15	1 854			1 854
固定资本消耗	157	12	27	23	3	222			222
净增加值/国内生产净值	1 174	82	99	132	12	1 632			1 632

表 1-9　　　　　　　　　生产账户——来源方　　　　　　　　单位：亿元

交易和平衡项	非金融公司	金融公司	一般政府	住户	NPISH	经济总体	国外	货物和服务	合计
产出	2 808	146	348	270	32	3 604			3 604
市场产出	2 808	146	0	123	0	3 077			3 077
为自身最终使用的产出	0	0	0	147	0	147			147

---

① 高敏雪、施发启等译：《国民经济核算体系2008》，中国统计出版社 2012 年版。

续表

交易和平衡项	非金融公司	金融公司	一般政府	住户	NPISH	经济总体	国外	货物和服务	合计
非市场产出			348		32	380			380
中间消耗								1 883	1 883
产品税						141			141
产品补贴（-）						-8			-8

生产账户来源方记录各机构部门或经济总体一定时期的总产出，使用方记录生产过程中的中间消耗（见表1-10和表1-11），二者差额即为生产账户平衡项——增加值。

表1-10　　　　　收入形成账户——使用方　　　　　单位：亿元

交易和平衡项	非金融公司	金融公司	一般政府	住户	NPISH	经济总体	国外	货物与服务	合计
雇员报酬	986	44	98	11	11	1 150			1 150
生产税与进口税						235			235
补贴						-44			-44
营业盈余总额	292	46	27	84	3	452			452
混合收入总额				61		61			61
营业盈余总额中的固定资本消耗	157	12	27	15	3	214			
混合收入总额中的固定资本消耗				8		8			
营业盈余净额	135	34	0	69	0	238			238
混合收入净额				53		53			53

表1-11　　　　　收入形成账户——来源方　　　　　单位：亿元

交易和平衡项	非金融公司	金融公司	一般政府	住户	NPISH	经济总体	国外	货物与服务	合计
总增加值/国内生产总值	1 331	94	126	155	15	1 854			1 854
净增加值/国内生产净值	1 174	82	99	132	12	1 632			1 632
雇员报酬									
生产税与进口税									
补贴									

收入形成账户与接下来的收入初次分配账户、收入再分配账户描述了从增加值到可支配收入的价值流转流程（见表1-12至表1-15）。

表 1-12　　收入初次分配账户——使用方　　单位：亿元

交易和平衡项	非金融公司	金融公司	一般政府	住户	NPISH	经济总体	国外	货物与服务	合计
雇员报酬							6		6
生产税与进口税							0		0
补贴							0		0
财产收入	134	168	42	41	6	391	44		435
初始收入总额/国民总收入	254	27	198	1 381	4	1 864			1 864
初始收入净额/国民净收入	97	15	171	1 358	1	1 642			1 642

表 1-13　　收入初次分配账户——来源方　　单位：亿元

交易和平衡项	非金融公司	金融公司	一般政府	住户	NPISH	经济总体	国外	货物与服务	合计
营业盈余总额	292	46	27	84	3	452			452
混合收入总额				61		61			61
营业盈余净额	135	34	0	69	0	238			238
混合收入净额				53		53			53
雇员报酬				1 154		1 154	2		1 156
生产税与进口税			235			235			235
补贴			-44			-44			-44
财产收入	96	149	22	123	7	397	38		435

表 1-14　　收入再分配账户——使用方　　单位：亿元

交易和平衡项	非金融公司	金融公司	一般政府	住户	NPISH	经济总体	国外	货物与服务	合计
经常转移	98	277	248	582	7	1 212	17		1 229
所得税、财产税等经常税	24	10	0	178	0	212	1		213
净社会缴款				333		333	0		333
实物社会转移以外的社会福利	62	205	112	0	5	384	0		384
其他经常转移	12	62	136	71	2	283	16		299
可支配收入总额	228	25	317	1 219	37	1 826			1 826
可支配收入净额	71	13	290	1 196	34	1 604			1 604

表 1-15　　　　　　　收入再分配账户——来源方　　　　　　单位：亿元

交易和平衡项	非金融公司	金融公司	一般政府	住户	NPISH	经济总体	国外	货物与服务	合计
初始收入总额/国民总收入	254	27	198	1 381	4	1 864			1 864
初始收入净额/国民净收入	97	15	171	1 358	1	1 642			1 642
经常转移	72	275	367	420	40	1 174	55		1 229
所得税、财产税等经常税			213			213	0		213
经社会缴款	66	213	50	0	4	333	0		333
实物社会转移以外的社会福利			384			384	0		384
其他经常转移	6	62	104	36	36	244	55		299

经过收入的初次分配和再分配，各机构部门获得可用于最终消费的可支配收入，由于实物社会转移的存在，提出最终消费支出和实际最终消费两个概念，反映在可支配收入使用账户和调整后可支配收入使用账户中（见表 1-16 至表 1-19）。

表 1-16　　　　　　　可支配收入使用账户——来源方　　　　　　单位：亿元

交易和平衡项	非金融公司	金融公司	一般政府	住户	NPISH	经济总体	国外	货物和服务	合计
可支配收入总额	228	25	317	1 219	37	1 826			1 826
可支配收入净额	71	13	290	1 196	34	1 604			1 604
最终消费支出						1 399			1 399
个人消费支出						1 230			1 230
公共消费支出						169			169
养老金权益变化调整				11		11	0		11

表 1-17　　　　　　　可支配收入账户——使用方　　　　　　单位：亿元

交易和平衡项	非金融公司	金融公司	一般政府	住户	NPISH	经济总体	国外	货物和服务	合计
最终消费支出			352	1 015	32	1 339			1 399
个人消费支出			184	1 015	31	1 230			1 230
公共消费支出			168		1	169			169
养老金权益变化调整	0	11	0	0	11	0			11
总储蓄	228	14	-35	215	5	427			427
净储蓄	71	2	-62	192	2	205			205
对外经常项目差额						-13			-13

表1-18　　　　　　　调整后可支配收入使用账户——来源方　　　　　单位：亿元

交易和平衡项	非金融公司	金融公司	一般政府	住户	NPISH	经济总体	国外	货物和服务	合计
调整后可支配收入总额	228	25	133	1 434	6	1 826			1 826
调整后可支配收入净额	71	13	106	1 411	3	1 604			1 604
实际最终消费								1 399	1 399
实际个人消费								1 230	1 230
实际公共消费								169	136
养老金权益变化调整				11		11	0		11

表1-19　　　　　　　调整后可支配收入使用账户——使用方　　　　　单位：亿元

交易和平衡项	非金融公司	金融公司	一般政府	住户	NPISH	经济总体	国外	货物和服务	合计
实际最终消费			168	1 230	1	1 399			1 399
实际个人消费				1 230		1 230			1 230
实际公共消费			168		1	169			169
养老金权益变化调整	0	11	0		0	11			11
总储蓄	288	14	-35	215	5	427	0		427
净储蓄	71	2	-62	192	2	205			205
对外经常项目差额							-13		-13

收入用于消费之后的剩余称为储蓄，储蓄可用于投资活动。国民经济核算按照先非金融投资后金融投资的逻辑顺序设置资本账户和金融账户，反映各部门在非金融投资中的资金余缺状况，以及各部门通过金融交易实现资金余缺调剂的过程。资本账户和金融账户属于交易账户，是积累账户的主要组成部分，积累账户还包括资产其他物量变化账户和重估价账户（见表1-20至表1-25）。

表1-20　　　　　　　　　　资本账户——资产变化　　　　　　　　　单位：亿元

交易和平衡项	非金融公司	金融公司	一般政府	住户	NPISH	经济总体	国外	货物和服务	合计
资本形成总额	308	8	38	55	5	414			414
资本形成净额	151	-4	11	32	2	192			192
固定资本形成总额	280	8	35	48	5	376			376
固定资本消耗	-157	-12	-27	-23	-3	-222			-222

第一章 经济数据及其分析框架

续表

交易和平衡项	非金融公司	金融公司	一般政府	住户	NPISH	经济总体	国外	货物和服务	合计
按资产分类的固定资本形成总额									
存货变化	26	0	0	2	0	28			28
贵重物品获得减处置	2	0	3	5	0	10			10
非生产资产获得减处置	-7	0	2	4	1	0			0
应收资本转移									
应付资本转移									
净贷出（+）/净借入（-）	-56	-1	-103	174	-4	10			0

表1-21　　　　资本账户——负债和净值变化　　　　　单位：亿元

交易和平衡项	非金融公司	金融公司	一般政府	住户	NPISH	经济总体	国外	货物和服务	合计
净储蓄	71	2	-62	192	2	205			205
对外经常差额							-13		-13
资本形成总额								414	414
资本形成净额								192	192
固定资本形成总额								376	376
固定资本消耗								-222	-222
按资产分类的固定资本形成总额									
存货变化								28	28
贵重物品的获得减处置								10	10
非生产资产获得减处置								0	0
应收资本转移	33	0	6	23	0	62	4		66
应付资本转移	-16	-7	-34	-5	-3	-65	-1		-66
储蓄和资本转移引起的净值变化	88	-5	-90	210	-1	202	-10		192

表1-22　　　　金融账户——资产变化　　　　　单位：亿元

交易和平衡项	非金融公司	金融公司	政府	住户	NPISHS	经济总体	国外	货物和服务	合计
金融资产净获得	83	172	-10	189	2	436	47		483
货币黄金和特别提取款		-1				-1	1		0
通货和存款	39	10	-26	64	2	89	11		100

续表

交易和平衡项	非金融公司	金融公司	政府	住户	NPISHS	经济总体	国外	货物和服务	合计
债务性证券	7	66	4	10	-1	86	9		95
贷款	19	53	3	3	0	78	4		82
股权和投资基金份额	10	28	3	66	0	107	12		119
保险、养老金和标准化担保计划	1	7	1	39	0	48	0		48
金融衍生工具和雇员股票期权	3	8	0	3	0	14	0		14
其他应收/应付款	4	1	5	4	1	15	10		25

表1-23　　金融账户——负债和净值变化　　单位：亿元

交易和平衡项	非金融公司	金融公司	政府	住户	NPISH	经济总体	国外	货物和服务	合计
净贷出（+）/净借入（-）	-56	-1	-103	174	-4	10	-10		0
负债净获得	139	173	93	15	6	426	57		483
货币黄金和特别提取款权									
通货和存款		65	37			102	-2		100
债务性证券	6	30	38	0	0	74	21		95
贷款	21	0	9	11	6	47	35		82
股权和投资基金份额	83	22				105	14		119
保险、养老金和标准化担保计划		48	0			48	0		48
金融衍生工具和雇员股票期权	3	8	0	0	0	11	3		14
其他应收/应付款	26	0	9	4		39	-14		25

表1-24　　账户序列中的经常账户概览　　单位：亿元

使用					来源			
经济总体	国外	货物和服务	合计	交易和平衡项	经济总体	国外	货物和服务	合计
		499	499	货物和服务进口		499		499
		392	392	货物进口		392		392
		107	107	服务进口		107		107
	540		540	货物和服务出口			540	540
	462		462	货物出口			462	462
	78		78	服务出口			78	78

续表

	使用				来源			
经济总体	国外	货物和服务	合计	交易和平衡项	经济总体	国外	货物和服务	合计
				生产账户				
		3 604	3 604	产出	3 604			3 604
		3 077	3 077	市场产出	3 077			3 077
		147	147	用于自身最终使用的产出	147			147
		380	380	非市场产出	380			380
1 883			1 883	中间消耗			1 883	1 883
		141	141	产品税	141			141
		−8	−8	产品补贴（−）	−8			−8
1 854			1 854	总增加值/国内生产总值				
222			222	固定资本消耗				
1 632			1 632	净增加值/国内生产净值				
	−41		−41	货物和服务对外差额				
				收入形成账户				
				总增加值/国内生产总值	1 854			1 854
				净增加值/国内生产净值	1 632			1 632
1 150			1 150	雇员报酬				
235			235	生产和进口税				
141			141	产品税				
94			94	其他生产税				
−44			−44	补贴				
−8			−8	产品补贴				
−36			−36	其他生产补贴				
452			452	营业盈余总额				
61			61	混合收入总额				
214				营业盈余总额中的固定资本消耗				
8				混合收入总额中的固定资本消耗				
238			238	营业盈余净额				
53			53	混合收入净额				
				收入初次分配账户				
				营业盈余总额	452			452
				混合收入总额	61			61
				营业盈余净额	238			238
				混合收入净额	53			53
	6		6	雇员报酬	1 154	2		1 156
	0		0	生产和进口税	235			235

续表

使用				交易和平衡项	来源			
经济总体	国外	货物和服务	合计		经济总体	国外	货物和服务	合计
			0	补贴	-44			-44
391	44		435	财产收入	397	38		435
1 864			1 864	初始收入总额/国民总收入				0
1 642			1 642	初始收入净额/国民净收入				0
				收入再分配账户				
				初始收入总额/国民总收入	1 864			1 864
				初始收入净额/国民净收入	1 642			1 642
1 212	17		1 229	经常转移	1 174	55		1 229
212	1		213	所得、财产等经常税	213	0		213
333	0		333	社会缴款净额	333	0		333
384	0		384	社会福利（不含实物社会转移）	384	0		384
283	16		299	其他经常转移	244	55		299
1 826			1 826	可支配收入总额				
1 604			1 604	可支配收入净额				
				可支配收入使用账户				
				可支配收入总额	1 826			1 826
				可支配收入净额	1 604			1 604
1 399			1 399	最终消费支出		1 399		1 399
11	0		11	住户养老金权益变化调整	11	0		11
427			427	总储蓄				
205			205	净储蓄				
	-13		-13	对外经常差额				

表 1-25　　积累账户和存量账户概览　　单位：亿元

资产变化				交易和平衡项	负债和净值变化			
经济总体	国外	货物和服务	合计		经济总体	国外	货物和服务	合计
				资本账户				
				净储蓄	205			205
				对外经常差额		-13		-13
414			414	资本形成总额			414	414
192			192	资本形成净额			192	192
376			376	固定资本形成总额			376	376

续表

资产变化			交易和平衡项	负债和净值变化			
经济总体	国外	货物和服务	合计		经济总体	国外	货物和服务	合计
-222			-222	固定资本消耗			-222	-222
				分资产类型的固定资本形成总额				
28			28	存货变化			28	28
10			10	贵重物品获得减处置			10	10
0			0	非生产资产获得减处置			0	0
				应收资本转移	62	4		66
				应付资本转移	-65	-1		-66
				储蓄和资本转移引起的净值变化	202	-10		192
10	-10		0	净贷出（+）/净借入（-）				
				金融账户				
				净贷出（+）/净借入（-）	10	-10		0
436	47		483	金融资产/负债净获得	426	57		483
-1	1		0	货币黄金和特别提款权				
89	11		100	通货和存款	102	-2		100
86	9		95	债务性证券	74	21		95
78	4		82	贷款	47	35		82
107	12		119	股权和投资基金份额	105	14		119
48	0		48	保险、养老金和标准化担保计划	48	0		48
14	0		14	金融衍生工具和雇员股票期权	11	3		14
15	10		25	其他应收/应付款	39	-14		25
				资产物量其他变化账户				
13			13	物量其他变化总计	3			3
-7			-7	生产性非金融资产				
17			17	非生产性非金融资产				
3			3	金融资产	3			3
				资产物量其他变化引起的净值变化	10			
				重估价账户				
				名义持有损益				
280			280	非金融资产				
84	7		91	金融资产/负责	76	15		91
				名义持有损益引起的净值变化	288	-8		280
				中性持有损益				
198			198	非金融资产				

续表

资产变化				交易和平衡项	负债和净值变化			
经济总体	国外	货物和服务	合计		经济总体	国外	货物和服务	合计
136	12		148	金融资产/负债	126	22		148
				中性持有损益引起的净值变化	208	-10		214
				实际持有损益				
82			82	非金融资产				
-52	-5		-57	金融资产/负债	-50	-7		-57
				实际持有损益引起的净值变化	80	2		66
				存量和负债变化				
				期初资产负债表				
4 621			4 621	非金融资产				
8 231	805		9 036	金融资产/负债	7 762	1 274		9 036
				净值	5 090	-469		4 621
				资产和负债变化总计				
482			482	非金融资产				
523	54		577	金融资产/负债	505	72		577
				净值变化总计	500	-18		482
				储蓄和资本转移	202	-10		192
				资产物量其他变化	10			10
				名义持有收益/损益	288	-8		280
				中性持有收益/损益	208	-10		198
				实际持有收益/损益	80	2		82
				期末资产负债表				
5 103			5 103	非金融资产				
8 754	859		9 613	金融资产/负债	8 267	1 346		9 613
				净值	5 590	-487		5 103

第四节 经济数据分析的一般方法

一、经济数据分析框架的构建

国民经济的动态循环过程实质上就是交易者通过交易活动不断地生产流

量、改变存量的过程,以达到整体描述国民经济的目的,经济数据分析框架的构建必须涵盖下述几个方面:

(1) 交易者分类。

(2) 交易分类。

(3) 设计流量、存量的测度指标。

(4) 描述手段:账户、矩阵表和统计模型。

经济数据分析框架作为国民经济的描述系统,由一系列相互联系的要素构成。从静态考察,国民经济表现为各种经济主体(自然人和法人)从事千差万别的经济活动。生产单位,不论企业、事业还是个人,都可以概括地称为"生产者",不同的消费单位和投资单位都可称为"消费者"和"投资者",这些类别就是国民经济核算中所讲的"交易者"。交易者所从事的经济活动,大体上可归纳为物品和服务的"商品交易",生产者和消费者之间的收入"分配交易",以及消费者和投资者的"金融交易"等几个类别。当然,开放经济条件下,外国也参与本国经济活动,"国外"作为一个交易者类别,也参与国民经济的各种交易。

以动态的观点看问题,国民经济运行则是从生产开始,但生产之前需要有资本、劳动力、资源等生产要素的准备。生产活动过程中,生产者一方面创造了使用价值,另一方面形成了价值。新增的价值通过分配交易成为消费者的收入,消费者的收入主要用于消费支出,其价值流量通过商品交易返回生产者,使用价值流向消费者,完成了产品的价值循环。消费者的收入不会全部被消费,总有一部分转化为储蓄,通过金融交易流向投资者,形成借贷资本;投资者的投资支出,通过商品交易,其价值流向返回生产者,使投资品完成了价值循环,实物资本则进入下一次的生产过程。

经济数据分析从上述四个方面展开。无论经济总量数据、产业关联数据、资金流量数据,还是资产负债数据、国际收支数据,都只不过是在不同领域交易、交易者的分类,流量、存量测度指标的设计以及核算结果呈现方式等几个方面的具体展开,由此形成各具特色的不同模块,形成有着严密逻辑、内在统一的国民经济核算理论和方法论体系。

二、国民经济交易者分类

交易者分类的目的在于明确参与国民经济活动的经济单位有哪些。不同类别的经济单位参与国民经济活动的组织形式、活动方式和活动目的往往有一定的区别，因此有分别研究的必要。

生产者、消费者、投资者和国外四大交易者类别的划分对于完整说明国民经济流量循环有重要意义，但这种从再生产过程纵向划分的类别，在核算实践中缺乏操作性，更一般的分类大多横向展开。

交易者分类有粗细之分，粗略的分类，如两大领域、三次产业分类等，细致的分类有机构部门分类和活动部门分类。

机构部门分类和活动部门分类出于不同的研究目的，依据不同的分类标志，对国民经济交易主体做了内容不同的分组。

（一）机构部门分类

机构部门分类是为了编制资本筹集账户、收入和支出账户而设立的，它与金融流量相联系，涉及的是财务决策单位。具有相同性质的一组有财务决策权的机构单位，称为一个机构部门。

机构单位是指能够独立地进行财务决策和资金收支的单位。每个机构单位都能独立地拥有财产，发生负债，可编制资产负债表，依照法律有权和其他单位签订合同，并为自己的利益进行诉讼。有条件成为机构单位的有两类，一类是以住户形式出现的个人或一群个人，另一类是法律或社会实体。住户指这样一群人：他们共用生活设施，汇聚成员的部分或全部收入、财产，集体性地消费住房和食物等货物或服务。还有长期住在医院、养老院、宗教场所、监狱等地的人员组成的住户，他们不同于个体住户，称为机构住户；法律或社会实体指被法律或社会承认的、独立于可能拥有或控制它的自然人或其他实体而存在的实体。

国民经济机构单位根据其主要经济职能分类，形成国民经济机构部门（见图1-1）。它们主要是非金融公司部门、金融公司部门、一般政府部门、为住户服务的非营利机构部门和住户部门。经济总体定义为所有常住机构单位的集合，SNA的全套账户可以以一个机构单位为对象编制，也可以以一个机构单位群为对象编制，记录三种基本经济活动：货物和服务的生产、满足人类需求的消费、各种形式的资本积累。

1. 法人和准法人非金融企业。法人是指依法成立，控制和管理其财产和业务的行动明确地独立于其拥有者，有完整的核算制度，能以自己的名义行使权力和负担义务的实体，如公司、股份有限公司、有限责任合伙人等。

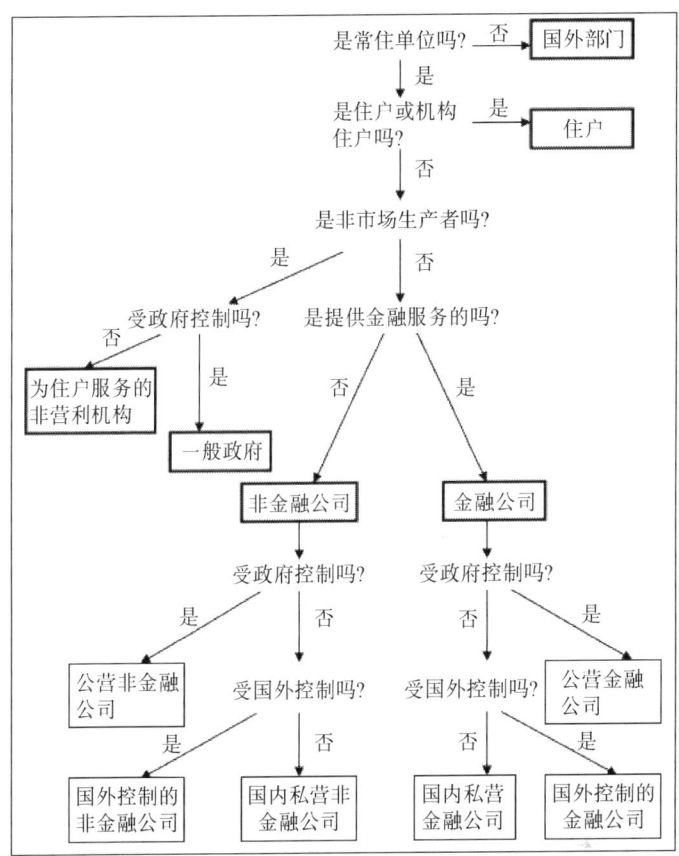

图 1-1　机构单位归属机构部门的流程图①

所谓准法人，在 SNA 中是指非公司组织的各种类型的企业（如普通合伙人或独资经营者）。它们完整的核算制度，能把其经济活动与私人消费区别开来，因为各国把作为独立实体行动的企业组织作为公司的程度大不相同，为了不同国家之间资料的可比性，把它与法人组织并列。

（1）法人企业：①法人（公司组织的）企业；②非常驻居民户所拥有的非公司组织企业；③大型的普通合伙和独资商店；④为控制企业，从而为企业服务的非营利机构。

（2）政府企业：①公司组织的政府企业；②大型非公司组织的政府企业。

2. 金融机构。①中央银行，它发行货币，拥有本国的国际准备金；②私人拥有的和由政府拥有的其他银行；③保险公司和养老金基金，这里所指的养

---

① 高敏雪、施发启等译：《国民经济核算体系（2008）》，中国统计出版社 2012 年版。

老金基金是为某一部分雇员在退休后得到收入而建立的各种单独组织的计划；④其他金融机构，如住房和放款协会、私营储蓄银行、信用合作社、金融公司、投资公司等。

3. 一般政府，包括未归入其他类别的所有属于中央政府、地方政府和社会保险基金的所有政府单位。

4. 为居民户的私人非营利机构。它们主要是免费或按不能完全弥补其生产成本的价格为居民户提供教育、保健、文化、娱乐或其他社会服务。这里包括私人非营利机构的某些商业活动。

5. 居民户（包括私人非金融非公司组织企业）。①未归入准法人非金融企业的合伙或独资经营；②邻里组织和社交俱乐部；③常住居民户，他们或是雇员身份，或是其他社会地位的居民户。

（二）活动部门分类

活动部门分类关注的是生产活动和从事这些活动的单位，2008年版SNA也把活动部门称为产业部门。与机构部门分类不同，活动部门分类是为了编制生产、消费支出和资本形成账户而设立的，它与货物和服务流量相联系，涉及的是生产单位，也就是那些主要做出生产决策的单位（见图1-2）。

活动部门分类涉及企业、基层单位和产业三个概念。企业是以货物和服务生产者形象出现的机构单位，包括公司、准公司、非营利机构和非法人企业，其中公司和非营利机构（NPISH）（为住户服务的非营利机构除外）的核算信息都与生产或相关的积累活动有关。住户、政府和NPISH都存在消费活动，同时也可能进行生产，只要核算条件允许，就要把这些单位从事的生产活动和其他活动区别开来，作为准公司处理，如果无法识别所需信息，则将其作为非法人企业处理。

一个机构单位，比如一个法人企业，很可能包括许多生产单位，这些生产单位生产不同的货物和服务，从生产核算的角度看，这些单位不是同类的，理应划入不同部门，而不同的机构部门，有可能生产相同的货物和服务，从生产核算看，又可划入同一个部门。因此，从生产核算和投入产出分析的需要出发，需要在机构部门的分类之外增加活动部门分类。一个活动部门可以定义为"一组按生产活动类型划分的基层单位"。2008年版SNA在基层单位基础上定义产业：产业是由从事相同或类似活动的基层单位组成的。

所谓"基层单位"，就是生产核算的基本单位。作为一个基本单位必须具

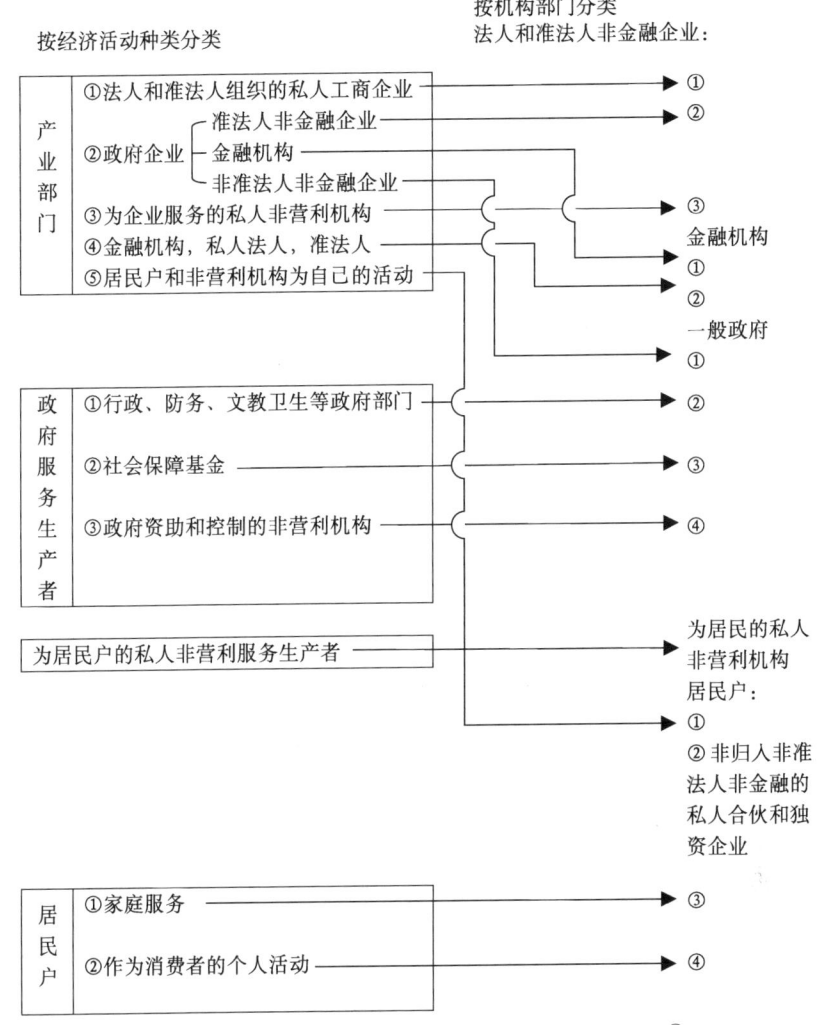

图 1-2 活动部门分类和机构部门分类之间的关系①

备这样的条件:能够获得有关的投入和产出的有意义的核算资料(包括劳动和资本投入),从而可以编制生产账户,它仅生产某种类型的同类产品,或者,虽然产品性质不同,但投入结构和生产技术相同,它通常拥有一个生产场所(有固定的生产场所),它具有自己的管理部门从事日常生产管理。基层单位不一定有独立的法人身份,不一定有独立的资产负债表。这里涉及主要活动和次要活动的区分:主要活动是指某项活动在一家生产单位所产生的增加值

---

① 闵庆全:《简明国民经济核算体系》,经济科学出版社 1987 年版。

超出该单位所有其他活动；次要活动是一家生产单位在主要活动之外实施的活动，其产出与主要活动一样，也必须能够供应给本单位以外的单位。

一个基层单位不一定是一个独立的企业或组织，而大多是一个企业下面的分厂或一个组织下面的附属单位。

利用基层单位作为统计单位的必要性在于这样处理便于把生产同类货物和服务的单位并入同一部门，如果用生产不同货物和服务的企业或组织作为统计单位，就往往做不到这一点。

1. 产业部门。具体来说，产业部门包括：

（1）法人或准法人组织的私人工商企业、金融机构。

（2）主要从事销售通常由工商企业集成单位生产的货物和服务的政府产业部门（基层单位和类似单位），如国有化的农场、铁路、港口、邮政、金融机构，以及主要想政府本身提供货物和服务的部门和单位，如军火工厂、海军船坞、印刷和发行机构等。

（3）主要为企业单位服务的私人非营利机构，前提是它们不是完全地或主要地由政府机关提供资金并加以控制，如贸易协会和商会等。

（4）居民户和私人非营利机构自产自用的活动，特别是居民户为自己生产的初级产品（农业、渔业、林业、狩猎等产品）。

2. 政府服务生产者。政府服务生产者在活动的性质上、生产目的上、成本结构上和资金资源上都与作为产业部门的单位有显著的不同。它们向社会或个人提供的服务不能用别的方法提供，它们执行着国家的政治、经济和社会政策。它们的成本结构中除物质消耗外，主要是雇员报酬。它们的活动主要由政府本身供应资金。它们的统计单位是基层单位型的单位。具体来说，这些机构包括：

（1）立法、行政、治安、文教卫生等所有机构的各级政府部门和基层单位。

（2）社会保险机构，是指政府强行规定、控制的社会保险机构。

（3）其他非营利机构，主要为居民户和企业单位服务，并由政府全部地或主要地供应资金并加以控制。

（4）政府企业生产的很少一部分产品和劳务，向公众出售，但其价格通常低于成本者，则归入政府服务生产者。

3. 为居民户的私人非营利服务生产者。它们包括为了实现特定的活动由个人自愿组织起来的社团（如工会、政党、宗教团体等），包括在这类生产者中的交易者，向居民户主要提供教育、医院、宗教、文化、娱乐和社会服务。它们的活动通常由成员交的会费，个人、企业单位和政府的捐款、补助和赠款，以及它的财产收入提供资金。它们的统计单位是基层单位型。

4. 居民户。这一分类中的居民户是指：

（1）一居民户为另一居民户提供服务。

（2）作为消费者的个人活动。

居民户对货物或服务的消费支出按支出的目的分类。

小的社交俱乐部、桥牌俱乐部，雇佣少于相当于两个全日制雇员的，包括在这一范畴之内。

三、国民经济交易分类

交易是指机构部门之间发生流量的活动。交易在机构单位之间传递一定数量的经济权益，包括经济权益的创造、转移，具体性质的改变和消失。典型交易是两个机构单位之间同时相互进行的一对组合行动，是等价交换。

交易一般通过市场发生，伴随有货币流量，交易价值是可以测度的；对于非货币交易，如易货交易、单位内交易等，则要联系近似的货币交易，虚拟测算其价值量。虚拟价值把非市场活动与市场活动一样纳入国民经济核算范围，有利于完整描述某些福利指标，特别是有关消费方面的实际情况。

所有货币交易和非货币交易都可按其性质归入四个交易类别，每个类别再根据需要进行细分。

（一）货物和服务交易（商品交易）

在国民经济循环中，商品交易发生于生产主体与消费主体、生产主体与投资主体之间，消费主体向生产主体的消费支出、投资主体向生产主体的投资支出都属于这一类交易。产品交易也包括生产主体与国外的货物和服务交易，生产中用于中间周转的货物或服务，虽然也是这类交易，但只发生于生产主体内部各单位之间，在国民经济核算中不加以体现。

（二）分配交易

在国民经济循环中，分配交易主要发生于生产主体与消费主体之间，指生产形成的收入分配给生产要素和政府的交易。

(三) 金融交易

金融交易包括通货、股票、债券、应收应付款等流量。在国民经济循环中，这些流量来源于消费主体的储蓄，伴随货物和服务交易而发生的通货交易外，这类交易主要发生在消费主体和投资主体之间。

(四) 其他交易

土地、地下资源、专利权、商誉等非生产资产的交易不属于总产出的范围，把它们引起的金融交易也一并列入国民经济核算范围。

为什么国民经济核算要把所有经济活动都化成交易来处理呢？

第一，对经济活动核算的交易化处理符合经济活动本身具有的"二维性质"[①]，任何经济活动，客观上都有着与其相对应的另一方面，比如供给与需求、来源与使用、投入与产出、储蓄与投资、资产与负债、转出与转入等。因而，用交易来统一表现这种对应关系具有其客观依据。

第二，核算的交易化处理与核算的基本形式——账户式平衡表相适应。活动的交易化处理可以使每一次活动都按复式记账的方法记录在册，以保证核算体系的完整性和平衡性。也就是说，核算的交易化处理是与账户法的借用直接相关的。这种做法使所有活动都能纳入账户表体系。

第三，这是在不同国家或不同时期保持数据可比性的需要。商品经济的发展是一个不断深化的过程。以粮食生产为例，在商品经济不发达的国家，农民自产自用的比例是较高的，而在美国那样的国家里，农民自产自用部分却微不足道，如果只按真正的交易来统计，两类国家的粮食总产出与实际情况就会有很大出入，统计出来的数字实际上是不可比的，将农民自产自用部分也按交易处理，就是为了保持对比的一致性。

四、国民经济核算主体原则

开放系统条件下的国民经济核算需要明确"本国"与"国外"的划分。各种核算体系通用的划分标准就是所谓的"常住标准"。我国国民经济核算亦采用"常住者"的概念来确定经济活动（交易）主体的国内属性。我国的国

---

① 邱东：《新国民经济核算体系（SNA）结构研究》，中国统计出版社 1990 年版。

内生产总值是由我国的常住单位创造的,而且与国内生产总值对应的投资行为和消费行为也只限于我国常住单位的投资行为和消费行为。所谓常住单位,是指一国经济领土上具有经济利益中心的经济单位。一国经济领土由该国政府控制或拥有的地理领土所组成。在该领土上,该国居民及货物和资本皆可自由流动。也就是说,一国的经济领土,在本国地理范围的基础上,还应包括该国驻外的使领馆、科研站、援助机构等,并相应扣除外国驻本国的上述机构(国际机构不属于任何国家的常住单位,但其雇员属于所在国家的常住居民)。如果一经济单位在一国的经济领土内拥有一定的活动场所(厂房、住宅等),从事一定规模的经济活动,并超过一定的时期(一年),那么该单位在该国经济领土内具有经济利益中心。常住单位严格规定了一国国民经济核算的交易主体范围,对于确定计算国内生产总值的口径、明确各种交易账户的范围具有重要意义。

由于核算环节和内容不同,也由于考察目的和分析要求有所差异,常住原则具有多重性,但并不妨碍核算体系的科学完整和逻辑一致。以 SNA 为例,其生产核算的基础或起点是"国内生产",继而通过引入国际要素收入的支付流量,从逻辑上过渡到"国民生产"(或"国民收入")的核算,其后就是以常住者为主体的国民收入分配和使用核算、资本交易和金融交易核算,以及资产负债核算。常住原则的多重性并未妨碍其体系结构的科学严整。

五、国民经济交易的记录时间与估价原则

为了保证各种核算之间的内在一致性,国民经济核算对整个社会再生产过程各环节所发生的一切交易,原则上采用权责发生制的核算确认方法予以记录。货物的总产出在货物制成时记录;服务的产出在提供服务时记录;商业活动的产出在销售商品时,即货物所有权发生变更时记录;中间消耗在货物和服务投入生产过程时记录。当然,在实际过程中,对服务投入来说,两种记录时间是一致的,但对货物来说,两种记录时间又往往是不同的。

在估价方面,可按以下三种价值进行估价:

(1) 基本价值 = 要素成本 + 中间投入成本 + 商品税净额以外的间接税净额

(2) 生产者价值 = 基本价值 + 商品税净额

(3) 购买者价值 = 生产者价值 + 商业费用 + 运输费用

要素成本指物质产品和劳务的生产中,生产者的工资、利润、利息、租金等组成的价格。中间投入成本包括购买原材料等项所支付的全部费用。商品税净额则是分配给商品产出和商品使用的那些间接税和津贴。

我国国民经济核算主要采用两种价格形式,即生产者价格和购买者价格。生产者价格和购买者价格都是市场价格,前者从生产者角度估价,即生产单位的产品出厂价格;后者从购买者角度估价,即购买者支付的价格。生产核算中,产出通常按生产者价格估价,中间消耗则按购买者价值估价。

第二章
经济总量数据分析

在国家治理与经济分析中，经济总量的测度与分析始终是一个核心问题。经济增长分析、经济周期分析、各项经济政策制定与宏观经济调控均离不开对经济总量指标发展状况的把握。宏观把握国家或地区的经济总量，并以此为基础进行纵向分析与横向对比的研究，有着悠久的历史。然而，经济总量涉及经济社会发展的各个方面，这项测算面临重重难题。传统上，经济总量的测度与比较仅仅关注国民收入范畴，旨在以国民收入总水平来衡量国家的经济实力、军事实力。当前，经济总量的测度与比较已形成两大通用指标：一方面，对于经济总量的测度与比较常用国内生产总值（Gross Domestic Product，GDP）指标，旨在测度经济体所生产、分类和使用的经济总流量，具体而言是通过秉承"不重复测算"理念而构建"增加值"概念，并将 GDP 定义为所有常住单位生产的增加值的总和；另一方面，对涉及收入水平的评价与划分常用国民总收入（Gross National Income，GNI）指标，旨在测度经济体所获得的收入总和，具体而言是通过对 GDP 进行来自国外要素收入的调整而形成。本章详细解析国内生产分析基本原理，进而阐释国内生产分析涉及的各项经济指标，最后以实例说明国民生产分析的基本方法。

第一节　国民收入分析原理

一、国民收入核算的一般问题

（一）国民收入核算范围

战争、经济危机和革命等事件，是推动国民经济统计诞生和发展的重要因素。在第三次英荷战争期间，威廉·配第（William Petty）为验证国家从税收中获得的收入是否足以维系和平与战时的宏观管理需求，国家是否可以通过更公平、负担更小的税负形式来获得更高的税收收入，以及英国是否已经被革命和海外战争拖垮，首次估计了英国全体国民的纯收入，以之度量英国综合国力，并对英国、法国、荷兰的综合国力展开比较。配第的"政治算术"为经济学研究开创了新领域，他也因此被誉为统计学的创始人。

1688年，英国学者格雷戈里·金（Gregory King）在《对英格兰现状的自然与政治的观察和结论》一书中估计了英国国民收入。金的测算表明，如果不是年度国家收入得以增长、年度国家支出得以缩减、能够获取国外或国内信用、英联邦得以扩大或是消费税得以有效引入，那么战争将不会持续到1698年以后。

从17世纪前期到18世纪前期，法国极端重商主义政策主张利用国家资本和特许经营形式集中发展工商业，刻意压低粮食价格、提高农业税，牺牲农民利益补贴工业发展，最终致使农工商业比例严重失调。面对这样的现实，法国重农学派经济学家弗朗索瓦·魁奈（Francois Quesnay）设计《经济表》，将国民收入视为部门间流量，来考察一国每年总产品怎样在不同阶级之间流通，以及怎样为再生产服务。1791年，法国化学家拉瓦锡（Antoine-Laurent de Lavoisier）在测算法国国民收入的过程中，为避免重复测算，首次对中间产品和最终产品进行区分。

在第一、第二次世界大战期间，多国政府开始重视国民收入统计。截至1939年，已有苏联、澳大利亚、加拿大、德国、荷兰、新西兰、美国、土耳其、南斯拉夫、瑞典十国政府开展连续的国民收入测算。与此同时，得益于投入产出分析、国民经济计量模型、凯恩斯革命等经济理论的创新，传统国民收入向现代国民经济核算过渡。1947年，理查德·斯通（Richard Stone）等经济学家起草《国民收入的测量和社会账户的编制》报告，为国民账户体系（SNA）奠定雏形。1953年，联合国统计委员会发布《国民经济核算体系及其附属表》，标志着SNA正式诞生。这一版本的SNA侧重国民收入与生产核算，已构建企业、政府、住户和私人非营利机构三部门框架，并界定了经济的生产与使用、GDP、国民收入、储蓄、投资等概念的具体意义，实现了传统国民收入统计向现代国民经济核算的过渡。1968年，SNA经历了重大修订，首次纳入投入产出核算、国际收入核算和资金流量核算，并为资产负债核算的纳入做了准备，基本构建了完整的宏观经济核算框架。1993年，SNA再次经历重大修订，一方面，针对 SNA 的结构、价格与物量比较、国外部门交易、住户部门、公共部门、生产账户与投入产出表、金融流量与存量、SNA 与 MPS 协调等问题召开专门会议；另一方面，对当时世界经济形势发生的重大变化进行刻画，如因通货膨胀问题而增强了对不变价核算方法的规定，因金融活动作用不断扩大而调整金融机构分类、金融资产分类与核算方法，等等。最新情况是，联合国、欧盟委员会、经济合作与发展组织、国际货币基金组织和世界银行五大组织主持并发布了 2008 年版 SNA，在不改动 1993 年版 SNA 中心框架的基础上，纳入了各项专业统计所开发的新数据来源和新计量方法，更新、澄清与细化了新经济现象的具体核算方法，将卫星账户视为对中心框架的灵活运用，并进一步给出旅游卫星账户、环境卫星账户、卫生卫星账户、未付酬住户活动卫星账户的应用案例，SNA 呈现了全新的面貌。

那么，究竟哪些经济活动被覆盖在国民经济核算范围内？我们区分生产范围、消费范围和资产范围进行解析。生产范围方面，那些在机构单位负责、控制和管理下，将劳动、资产、货物与服务投入转换为另一些货物和服务的过程，应当被包含在国民经济核算体系之内。首先，那些经由货币交易而出售的货物和服务，其价值显然应当被纳入国民经济核算体系。其次，那些虽没有经过市场交易，但通过以货易货、转移等形式向其他单位提供的货物和服务，以及那些为机构单位自行使用的货物和服务，同样应当纳入国民经济核算体系，原因是这些货物与服务的生产过程与经由市场交易而出售的货物服务并无区别。最后，那些由住户为自身最终消费而生产的服务不能被纳入国民经济核算体系，因为生产者在生产这些服务之时就已经知道，这部分服务不会在市场上出售。消费范围方面，最终消费支出和实际最终消费所涵盖的货物与服务范围与生产范围对应，受生产范围制约。资产范围方面，总体而言，资产是指机构单位拥有经济所有权的、能带来一次性或连续性经济利益的价值储存，具体而言，金融资产和机器、设备、建筑物等固定资产必然被纳入国民经济核算体系，机构单位拥有经济所有权的土地、矿藏、能源储备、非培育性森林或其他植物和野生动物等自然资源，也同样应当被纳入国民经济核算体系。国民范围方面，所有常住机构单位构成了国民经济核算体系的国民范围，具体而言是指一个机构单位在一国经济领土上具有经济利益中心，也就是说该机构单位在该国经济领土上从事一定规模的经济活动或经济交易达一年以上。

（二）国民收入核算过程、平衡关系与基本表式

为了全面、准确地刻画经济生产，国民生产核算从生产、分配、使用三视

角同时分析生产过程，就具体测度而言，是遵循 GDP。GDP 核算也由此清晰地区分为生产法 GDP、收入法 GDP 和支出法 GDP（见表 2–1）。从理论上讲，若排除了统计误差，三种 GDP 核算方法的结果应当相等，即生产法 GDP = 收入法 GDP = 支出法 GDP。

表 2–1　　　　　　　　　　　　国内生产总值总表

生产	金额	使用	金额
1. 生产法国内生产总值		1. 支出法国内生产总值	
总产出		最终消费支出	
中间投入（-）		居民消费支出	
2. 收入法国内生产总值		为住户服务的非营利机构消费支出	
劳动者报酬		政府消费支出	
生产税净额		资本形成总额	
生产税		固定资本形成总额	
生产补贴（-）		存货变动	
固定资产折旧		贵重物品获得减处置	
营业盈余		货物和服务净出口	
		货物和服务出口	
		货物和服务进口（-）	
		2. 统计误差	

从生产视角来看，一国所创造的全部价值应当是该国常住单位创造的价值总和。考虑到产业间存在的交易行为，也就是说考虑到一些单位生产的货物与服务常常是另一些单位生产的投入，为避免重复计算，国内生产总值仅仅核算最终价值，而将所有中间投入一并扣除。具体而言，生产法 GDP 核算为国民经济各产业增加值之和（见表 2–2）。因此，生产法 GDP 被定义为：

生产法 GDP = 总产出 – 中间投入

从分配视角来看，一国所创造的全部价值无非是劳动要素收入、资本要素收入、企业家才能收入和政府税收收入的总和。具体而言，收入法 GDP 核算为国民经济各产业部门要素收入的总和（见表 2–3）。由此，收入法 GDP 被定义为：

收入法 GDP = 劳动者报酬 + 生产税净额 + 固定资产折旧 + 营业盈余

表 2-2　　　　　　　　生产法国内生产总值表

	增加值	总产出	中间投入
合　　计			
1. 第一产业			
2. 第二产业			
3. 第三产业			
1. 农、林、牧、渔业			
2. 采矿业			
3. 制造业			
4. 电力、热力、燃气及水的生产和供应业			
5. 建筑业			
6. 批发和零售业			
7. 交通运输、仓储和邮政业			
8. 住宿和餐饮业			
9. 信息传输、软件和信息技术服务业			
10. 金融业			
11. 房地产业			
12. 租赁和商务服务业			
13. 科学研究和技术服务业			
14. 水利、环境和公共设施管理业			
15. 居民服务、修理和其他服务业			
16. 教育			
17. 卫生和社会工作			
18. 文化、体育和娱乐业			
19. 公共管理、社会保障和社会组织			

表 2-3　　　　　　　　　收入法国内生产总值表

	增加值	劳动者报酬	生产税净额	固定资产折旧	营业盈余
合　计					
1. 第一产业					
2. 第二产业					
3. 第三产业					
1. 农、林、牧、渔业					
2. 采矿业					
3. 制造业					
4. 电力、热力、燃气及水的生产和供应业					
5. 建筑业					
6. 批发和零售业					
7. 交通运输、仓储和邮政业					
8. 住宿和餐饮业					
9. 信息传输、软件和信息技术服务业					
10. 金融业					
11. 房地产业					
12. 租赁和商务服务业					
13. 科学研究和技术服务业					
14. 水利、环境和公共设施管理业					
15. 居民服务、修理和其他服务业					
16. 教育					
17. 卫生和社会工作					
18. 文化、体育和娱乐业					
19. 公共管理、社会保障和社会组织					

从使用视角来看,生产过程所形成的产品,如果不是用于其他生产过程的中间消耗,就是用于本国最终消费、资本形成或是出口;而本国使用的产品,如果不是经由本国生产过程而产生,就是经由国外进口,因此有:产出 + 进口 = 中间消耗 + 最终消费 + 资本形成 + 出口。由此,支出法国内生产总值(见表2-4)核算为:

支出法 GDP = 最终消费 + 固定资本形成 + (出口 - 进口)

表 2-4　　　　　　　　　　支出法国内生产总值表

	金额
国内生产总值	
1. 最终消费支出	
居民消费支出	
食品烟酒	
衣着	
居住	
生活用品及服务	
交通和通信	
教育、文化和娱乐	
医疗保健	
金融中介服务	
保险服务	
其他商品及服务	
为住户服务的非营利机构消费支出	
政府消费支出	
(实际最终消费)	
(居民实际最终消费)	
(为住户服务的非营利机构实际最终消费)	
(政府实际最终消费)	
2. 资本形成总额	
固定资本形成总额	
住宅	
其他建筑物和构筑物	
机器和设备	
培育性生物资源	
知识产权产品	
非生产资产所有权转移费用	
其他	
存货变动	
贵重物品获得减去处置	
3. 货物和服务净出口	
货物和服务出口	
货物出口	
服务出口	
货物和服务进口	
货物进口	
服务进口	

二、国民收入的核算原则

（一）交易记录时间原则

在国民生产核算过程中，各项交易的记录时间遵循权责发生制原则，记录在债权与债务产生、转换、取消的时点，而无论相应的货币收支是否已经发生。也就是说，所有权的变更与货物、服务的交易，均记录在创造、转移、交换或是取消的时刻。与收付实现制遵循实际支付时间来记录不同，权责发生制遵循交易发生时间进行记录，使得那些发生了交易却未发生支付的非货币交易能够与货币交易遵循统一的记录时间原则。

（二）估价原则

国民生产核算各项交易的记录都应当遵循市场估价原则，也就是说根据核算期市场价格进行估价。当一项交易具有明确的市场交易价格时，直接以市场价格进行估价；当一项交易并不具有明确的市场交易价格，或者货物与服务以并不具有显著经济意义的价格提供时，应当遵循与之相似的货物与服务市场价格进行估算，或是直接采用实际成本进行估算。市场价格又可具体分为基本价格、生产者价格与购买者价格等不同口径，不同市场价格的区别在于对产品税、产品补贴和运输费用的包含情况。首先，基本价格记录的是生产者从购买者处购买货物或服务的价格，不包含任何产品税，但包含产品补贴。运输费用也不包含在基本价格内。基本价格是产出核算首推的价格。其次，在基本价格无法获得的情况下，可采用生产者价格。生产者价格包含了产品税，但不包含产品补贴。运输费用同样不包含在生产者价格之内。最后，购买者价格是指购买者在指定时间地点为获得每单位货物或服务所支付的实际金额。购买者价格包括购买者实际支付的不可抵扣增值税，也包括购买者为货物支付的运输费用。

（三）记账原则

针对机构单位，国民生产核算各项交易应当记录在复式账户中，也就是说一项交易的发生应当同时记录在两个或两个以上相互联系的账户之中，一次记录为"来源"，一次记录为"使用"。各项来源的交易总额应当与各项使用的交易总额相等；针对国民经济总体，任何一项交易都涉及两个或两个以上的机构单位，因此一项交易在同一时点应当以相同的价值计入交易双方的账户，而每项交易都被交易双方分别记录两次，也就是说遵循四式记账的原则。

第二节 国民收入分析指标

一、生产法 GDP 分析指标

（一）生产法 GDP

从生产视角来看，GDP 是指所有常住生产单位的增加值总和，也就是所有常住单位生产的产出扣除其中间消耗的余额。此外，那些尚未包含在产出估价中的产品税减去产品补贴，也应包含在 GDP 内。从概念上来看，GDP 衡量的是常住单位所生产的"最终"货物或服务。所谓"最终"，是指这些货物或服务或是不再被用于生产过程，或是用于生产过程但不会一次性转移到新产品中去。正是通过这种只统计最终货物与最终服务的形式，GDP 才能避免大量的重复测算，而仅仅测算那些新生产的货物与服务。因此，生产法 GDP 也可理解为各个产业增加值的总和，或是避免了重复计算的产出。鉴于其涵盖了特定国家或地区在核算期内生产的所有货物与服务，GDP 是反映国家或地区经济发展规模与综合实力的最重要指标。在《经济学》一书中，萨缪尔森评价"GDP 是二十世纪最伟大的发明之一"。同时，考虑到生产法 GDP 涵盖了国家的全部产业，该指标不仅可用于分析国家或地区的产业结构，也为产业政策制定提供基础。近年来，GDP 指标的局限性也受到广泛的关注。例如，该指标并不能客观反映经济增长所消耗的资源、环境成本，该指标并不能客观反映经济增长的质量，该指标无法反映非付酬家务劳动、非法行为、休闲等活动。即便如此，GDP 仍然是迄今为止最全面地衡量经济活动成果的指标。

（二）产出

产出（Output），是指机构单位综合运用劳动、资本、货物开展生产

(Production)，并以形成货物（Goods）和服务（Services）这两类产品（Product）为最终结果的活动。从产出的记录和估价方式来看，产出通常在生产完成时刻进行记录，而当生产时间跨越核算期时就需要记录为"在制品"，并分别核算各个时期的"在制品"产值。产出通常以市场上具有显著经济意义的价格进行估价，具体而言是首选基本价格估价，当基本价格估价行不通时，则使用生产者价格估价。当产出并不具有显著经济意义的市场价格时，可以选择使用次优方法计算其生产成本的总和，也就是中间消耗、雇员报酬、固定资本消耗、其他生产税扣除生产补贴的总和。通常而言，这些不具有显著经济意义的产出（即非市场产出）是由那些为住户服务的非营利机构（NPISH）或政府生产的。然而，对于部分产业而言，产出的估价并不能遵循一般原则，而是需要遵循一些特殊规则。

（三）中间消耗

中间消耗（Intermediate Consumption），是指生产过程中作为投入而消费的货物和服务。在生产过程中，这些货物和服务被改变形态，或者被消耗殆尽。就记录与估价方式来看，中间消耗在货物或服务进入生产过程的时点进行记录，并以通行的购买者价格进行估价。

二、收入法 GDP 分析指标

（一）收入法 GDP

从收入视角来看，GDP 是生产过程中创造的全部收入，等价于各项生产要素在生产过程中获得的收入总和，即核算为雇员报酬、固定资产折旧、生产税净额、营业盈余的总和。其中，雇员报酬是个人凭借劳动投入而获得的回报，固定资产折旧是由于自然退化、正常淘汰或正常事故损坏而导致的固定资本存量价值下降，生产税净额是政府凭借投入而获得的回报，而营业盈余是企业凭借资本要素投入而获得的收入。从国民经济行业视角来看，各行业收入法增加值之和等于收入法 GDP。收入法 GDP 内在结构是研究收入分配格局的重要基础。

（二）劳动者报酬

劳动者报酬（Compensation of Employees），是指劳动者凭借从事生产活动而获得的全部报酬。无论是货币形式的报酬,还是实物形式的报酬,都应隶属劳动者报酬范畴。因此,工资、奖金、津贴,以及单位为员工缴纳的社会保险费、补充社会保险费和住房公积金、行政事业单位职工的离退休金、单位为员工提供的雇员股票期权和其他形式的报酬和福利都隶属劳动者报酬。

(三) 固定资产折旧

固定资产折旧(Consumption of Fixed Capital),是指那些核算期内自然退化、正常淘汰或是正常事故损坏引致的生产者拥有与使用的固定资产存量现期价值下降。鉴于固定资产的价值会伴随自然退化过程而不断下降,同时技术进步与新替代品的出现也将致使原有资产价值因需求减少而下降,各类建筑物、机器、设备都需要核算折旧。然而,对于那些由于战争或其他非正常发生的自然灾害,则不应当计入折旧,而是计入资产物量的其他变化账户。在固定资产折旧的计算方面,为使固定资产折旧与账户中其他项目估价一致,固定资产折旧的估价方法应当与产出和中间消耗的估价方式相一致,即遵循当前通行的资产价格、估计价格或租金进行估价。从理论上看,新固定资产的购买者价格应当始终等于资产的未来收益现值,因此固定资产折旧的价值由永续盘存法(Perpetual Inventory Method,PIM)决定。

(四) 生产税净额

生产税净额(Taxes Less Subsidies on Production),是指生产税扣除生产补贴后的差额。其中,生产税是由机构单位因从事生产、销售、经营活动,以及因生产活动过程中动用某些生产要素而向政府单位缴纳的强制、无回报的现金或实物;与生产税相反,生产补贴是由政府为影响机构单位的生产、销售、定价等生产活动而提供的农业生产补贴、政策亏损补贴、进口补贴等无偿支付。就生产税的分类来看,生产税包含产品税和其他生产税。前者是指对生产、销售、转移、出租或交付过程直接征收的税收,以及以自身消费或资本形成为目的使用货物或服务而征收的税收,应当按每单位货物或服务进行缴纳;后者是指除产品税外,企业因从事生产活动而应当缴纳的所有税收,即对生产过程所使用的土地、建筑、其他资产等的所有权或使用而征收的税收,或是针对雇佣劳动力或支付雇员报仇而征收的税收。就生产税与生产补贴的记录方式而言,应当基于权责发生制记录,也就是在纳税活动、交易等事件发生之时进行记录。

（五）营业盈余

营业盈余（Operating Surplus），是指机构单位因从事生产活动而获得的盈余，具体通过增加值扣除劳动者报酬、固定资产折旧、生产税净额后的余额进行测度。

（六）国民总收入

国民总收入（Gross National Income，GNI），是指经济总体档期从国内生产和国外生产中获得的生产性收入总量，是这一经济总体常住单位经由生产活动形成的初始分配收入。GNI 等于 GDP 扣除应当付给非常住单位的净要素收入，加上应当收取自费常住单位的净要素收入，即：GNI = GDP +（来自国外的要素收入 − 支付国外的要素收入）。这部分净要素收入核算为生产税净额、进口税净额、雇员报酬、财产收入的总和。从指标的构成方法上可以看出，与 GDP 侧重生产与使用不同，GNI 是一个收入的概念。在宏观经济分析中，GNI 也同样是用于反映一国经济规模的重要指标，常用于度量一国实际可分配的财富水平，以及各国贫富差异程度。

三、支出法 GDP 分析指标

（一）支出法 GDP

从生产活动成果的最终使用视角来看，GDP 可衡量为住户与政府为满足最终使用目的而消费的产品、企业为发展未来生产而投资的产品和国外部门因消费或投资目的而购买的产品。支出法 GDP 即核算为最终消费支出、资本形成总额、货物和服务净出口的总和。

（二）最终消费

最终消费（Final Consumption），是指住户或全社会为满足个人或公共需要而使用的货物与服务。与中间消耗不同的是，最终消费涉及的货物与服务在满足最终需要的过程中完全消耗，对需求的满足是即时、直接的，而中间消耗涉及的货物与服务在生产过程中完全消耗，对需求的满足是延迟、间接的，原因是这些货物与服务是用于生产那些最终满足需求的货物服务。对最终使用者进行区分,最终消费可分为住户最终消费、政府消费和为住户服务的非营利机构的消费。其中,住户最终消费不仅包含那些购买了的货物与服务,还包含那些以货易货的虚拟支出、实物收入形式的货物服务虚拟支出,以及住户自产自用的虚拟支出;政府消费包含那些政府为住户或个人承担的支出,以及政府为整个社会或社会特定阶层承担的支出。

(三) 资本形成总额

资本形成总额(Gross Capital Formulation),是指经济体以形成固定资本、存货或是贵重物品为目的的生产资产积累,核算为固定资本形成总额、存货变动与贵重物品获得减处置的总和。固定资本形成总额是指生产者在核算期内获得的固定资产,扣除其所处置的固定资产,并加上那些附着在非生产资产价值上的所有权转移费用和其他特定支出。与中间消耗所涉及的货物与服务在核算期内完全用于生产过程、最终消费所涉及的货物与服务在核算期内完全用于最终需求均不相同,固定资产涉及的货物与服务在生产过程中的使用期限超过一年。从具体形态上来看,固定资产包括用作居住的住宅、并非用作居住的仓库和工业用房、商业用房、用于公共娱乐的房屋、旅馆、餐馆、学校、医院、监狱等,以及土地改良、机器与设备、武器系统、培育性生物资源、知识产权产品获得减处置、非生物资产所有权转移费用等。存货变动是指核算期内生产的产品之中未能被消费或形成固定资本那部分,以核算期内形成存货扣除核算期内退出的存货以及存货的正常损毁来测算。就存货的构成与分类而言,企业囤积的材料和用品隶属存货,包含燃料、工业原料、农业原料、半加工品、包装材料等。企业已生产的、还未充分加工的在制品也隶属存货,各个行业均具有在制品,特别是那些需要很长时间才能生产出成品的行业更是如此。企业已完成生产加工但尚未销售的货物显然是存货。

(四) 净出口

净出口(Net Export),是指经济体的出口扣除其进口的余额。一方面,经济体生产的货物与服务在向常住单位出售之外,也向非常住单位出售,这一部分货物与服务记录为出口;另一方面,经济体不仅能够使用常住单位生产的货物与服务,而且可以使用非常住单位生产的货物与服务,这一部分货物与服务记录为进口。真正计入增加值的部分,应当是出口扣除进口后的余额。

第三节 国民收入分析应用示例

一、经济生产结构分析

【例题】经济发展是产业结构变革的动力,产业结构变革又会进一步影响和制约经济发展。20 世纪 40 年代,英国经济学家科林·克拉克在《经济进步的诸条件》一书中发现,伴随人均国民收入水平的提高,劳动力首先从第一产业向第二产业转移,继而由第二产业向第三产业转移,这一趋势正是"产业结构演进理论"的体现。在后工业化阶段,人均国民收入水平整体持续提高将推动产业结构向服务型经济持续演进。西蒙·库兹涅茨以三次产业占国民收入的比重考察产业结构升级规律。产业结构的高度化是经济发展的必然趋势。试分析中国 1978—2016 年间产业结构发展状况。

【解答】如表 2-5、图 2-1 所示,我国 1978—2016 年间由第一、第二产业为主逐步转变为第二、第三产业占主导地位,从传统的农业经济大国转变为工业经济大国,产业结构逐步趋于合理,并向着优化和升级的方向发展。其中,第一产业占比由 1978 年的 27.69% 逐步降低至 2016 年的 8.56%,第二产业占比由 1978 年的 47.71% 微弱降低至 2016 年的 39.88%,第三产业占比由 1978 年的 24.60% 显著上升至 2016 年的 51.56%。"六五"时期,我国提出压缩基本建设投资,降低重工业增长速度,努力发展农业、轻工业,逐步开展多种经营形式和流通渠道,目标是降低第二产业比重,提高第一、第三产业比重。1985 年,第三产业比重首次超过第一产业比重,表明我国的产业结构趋于合理。"十二五"时期,我国要求坚持把经济结构战略性调整作为加快转变经济发展方式的主攻方向,加强农业基础地位,提升制造业核心竞争力,发展战略性新兴产业,加快发展服务业,促进经济增长向依靠第一、第二、第三产业协同带动转变。其中,强调服务业大发展,要求提高服务业比重、提升服务业水平、推进服务业改革开放、提高服务业吸纳就业能力。2012 年,第三产业比重首次超过第二产业,成为国民经济的主导产业,产业结构高级化特征明显。这项转变将有助于降低资源消耗和环境污染，提高经济增长的质量效益，改善民生。

表 2-5 中国经济产业结构

	生产法国内生产总值（亿元）	第一产业增加值（亿元）	第二产业增加值（亿元）	第三产业增加值（亿元）	第一产业占GDP比重（%）	第二产业占GDP比重（%）	第三产业占GDP比重（%）
1978 年	3 679	1 019	1 755	905	27.7	47.7	24.6
1979 年	4 101	1 259	1 925	916	30.7	47.0	22.3
1980 年	4 588	1 360	2 205	1 023	29.6	48.1	22.3
1981 年	4 936	1 546	2 269	1 121	31.3	46.0	22.7
1982 年	5 373	1 762	2 398	1 214	32.8	44.6	22.6
1983 年	6 021	1 961	2 663	1 397	32.6	44.2	23.2
1984 年	7 279	2 296	3 125	1 858	31.5	42.9	25.5
1985 年	9 099	2 542	3 887	2 671	27.9	42.7	29.4
1986 年	10 376	2 764	4 515	3 097	26.6	43.5	29.8
1987 年	12 175	3 205	5 274	3 696	26.3	43.3	30.4
1988 年	15 180	3 831	6 607	4 742	25.2	43.5	31.2
1989 年	17 180	4 228	7 301	5 651	24.6	42.5	32.9
1990 年	18 873	5 017	7 744	6 111	26.6	41.0	32.4
1991 年	22 006	5 289	9 130	7 587	24.0	41.5	34.5
1992 年	27 195	5 800	11 725	9 669	21.3	43.1	35.6
1993 年	35 673	6 888	16 473	12 313	19.3	46.2	34.5
1994 年	48 638	9 472	22 453	16 713	19.5	46.2	34.4
1995 年	61 340	12 021	28 678	20 642	19.6	46.8	33.7
1996 年	71 814	13 878	33 828	24 107	19.3	47.1	33.6
1997 年	79 715	14 265	37 546	27 904	17.9	47.1	35.0
1998 年	85 196	14 619	39 019	31 558	17.2	45.8	37.0
1999 年	90 564	14 549	41 081	34 935	16.1	45.4	38.6
2000 年	100 280	14 717	45 665	39 898	14.7	45.5	39.8
2001 年	110 863	15 503	49 661	45 700	14.0	44.8	41.2
2002 年	121 717	16 190	54 106	51 422	13.3	44.5	42.2
2003 年	137 422	16 970	62 697	57 754	12.3	45.6	42.0
2004 年	161 840	20 904	74 287	66 649	12.9	45.9	41.2

续表

	生产法国内生产总值（亿元）	第一产业增加值（亿元）	第二产业增加值（亿元）	第三产业增加值（亿元）	第一产业占GDP比重（%）	第二产业占GDP比重（%）	第三产业占GDP比重（%）
2005年	187 319	21 807	88 084	77 428	11.6	47.0	41.3
2006年	219 439	23 317	104 362	91 760	10.6	47.6	41.8
2007年	270 232	27 788	126 634	115 811	10.3	46.9	42.9
2008年	319 516	32 753	149 957	136 806	10.3	46.9	42.8
2009年	349 081	34 162	160 172	154 748	9.8	45.9	44.3
2010年	413 030	39 363	191 630	182 038	9.5	46.4	44.1
2011年	489 301	46 163	227 039	216 099	9.4	46.4	44.2
2012年	540 367	50 902	244 643	244 822	9.4	45.3	45.3
2013年	595 244	55 329	261 956	277 959	9.3	44.0	46.7
2014年	643 974	58 344	277 572	308 059	9.1	43.1	47.8
2015年	689 052	60 862	282 040	346 150	8.8	40.9	50.2
2016年	743 586	63 673	296 548	383 365	8.6	39.9	51.6

资料来源：国家统计局网站。

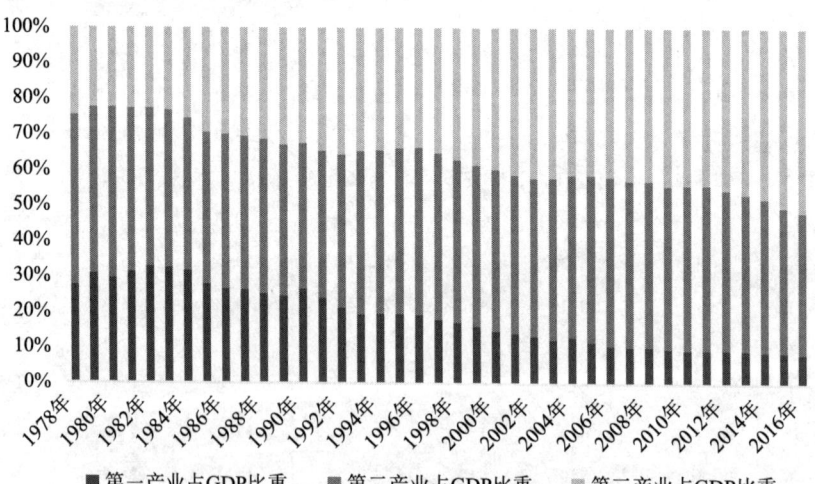

图2-1 中国经济产业结构（1978—2016年）

二、经济需求结构分析

【例题】从支出角度,经济增长是由投资需求(资本形成总额)、消费需求(最终消费)和国外需求(货物和服务净出口)共同驱动。从支出法国内生产总值构成来看,投资率与消费率反映了经济发展过程中积累和消费的比例关系,各国投资率与消费率均存在规律性波动,而各国投资率、消费率及其波动又存在差别。试考察我国1978—2016年间的需求结构特征。

【解答】多国经济发展经验表明,在工业化进程中,投资率先是会伴随工业增加值占GDP比重的提高而提高,而在工业化后期趋于下降;消费率则先是伴随工业化程度的提高而下降,而在工业化后期消费率逐步提升。如表2-6、图2-2所示,1978—2000年,我国最终消费率稳定在60%左右,资本形成率基本稳定在30%—40%区间;2001—2010年,伴随工业化进程的不断推进,我国最终消费率逐年递减至48.5%,资本形成率逐步提升至47.9%;2011—2016年,我国进入工业化后期,最终消费率逐步回升至53.6%,资本形成率略微降低至44.2%。据钱纳里在《发展的型式1950—1970》一书中归纳,工业化初期消费率和投资率分别约为85%和约15%,工业化中期的消费率和投资率分别约为80%和约20%,工业化后期的消费率和投资率分别约为77%和约23%。对比可知,我国投资率与消费率基本走势与"标准结构"的一般趋势一致,但不同之处在于,我国消费率在下降阶段呈现波动,投资率在上升阶段同样呈现波动。此外,在相同的发展阶段与收入水平下,我国的消费率特别是居民消费率明显偏低,投资率明显偏高。

表 2-6 中国经济需求结构

	支出法国内生产总值(亿元)	最终消费(亿元)	固定资本形成(亿元)	货物和服务净出口(亿元)	最终消费率(%)	固定资本形成率(%)	货物和服务净出口率(%)
1978年	3 634	2 233	1 413	-11	61.4	38.9	-0.3
1979年	4 078	2 578	1 520	-20	63.2	37.3	-0.5
1980年	4 575	2 967	1 623	-15	64.8	35.5	-0.3
1981年	4 957	3 277	1 663	17	66.1	33.5	0.3
1982年	5 426	3 576	1 760	91	65.9	32.4	1.7
1983年	6 079	4 060	1 968	51	66.8	32.4	0.8

续表

	支出法国内生产总值（亿元）	最终消费（亿元）	固定资本形成（亿元）	货物和服务净出口（亿元）	最终消费率（%）	固定资本形成率（%）	货物和服务净出口率（%）
1984 年	7 346	4 784	2 560	1	65.1	34.9	0.0
1985 年	9 181	5 918	3 630	-367	64.5	39.5	-4.0
1986 年	10 474	6 727	4 002	-255	64.2	38.2	-2.4
1987 年	12 294	7 639	4 645	11	62.1	37.8	0.1
1988 年	15 332	9 423	6 060	-151	61.5	39.5	-1.0
1989 年	17 360	11 033	6 512	-186	63.6	37.5	-1.1
1990 年	19 067	12 001	6 555	510	62.9	34.4	2.7
1991 年	22 124	13 614	7 893	618	61.5	35.7	2.8
1992 年	27 334	16 225	10 834	276	59.4	39.6	1.0
1993 年	35 900	20 797	15 783	-680	57.9	44.0	-1.9
1994 年	48 823	28 272	19 916	634	57.9	40.8	1.3
1995 年	61 539	36 198	24 343	999	58.8	39.6	1.6
1996 年	72 103	43 087	27 557	1 459	59.8	38.2	2.0
1997 年	80 025	47 509	28 966	3 550	59.4	36.2	4.4
1998 年	85 486	51 460	30 397	3 629	60.2	35.6	4.2
1999 年	90 824	56 622	31 666	2 537	62.3	34.9	2.8
2000 年	100 577	63 668	34 526	2 383	63.3	34.3	2.4
2001 年	111 250	68 547	40 379	2 325	61.6	36.3	2.1
2002 年	122 292	74 068	45 130	3 094	60.6	36.9	2.5
2003 年	138 315	79 513	55 837	2 965	57.5	40.4	2.1
2004 年	162 742	89 086	69 421	4 236	54.7	42.7	2.6
2005 年	189 190	101 448	77 534	10 209	53.6	41.0	5.4
2006 年	221 207	114 729	89 823	16 655	51.9	40.6	7.5
2007 年	271 699	136 230	112 047	23 423	50.1	41.2	8.6
2008 年	319 936	157 466	138 243	24 227	49.2	43.2	7.6
2009 年	349 883	172 728	162 118	15 037	49.4	46.3	4.3
2010 年	410 708	198 998	196 653	15 057	48.5	47.9	3.7
2011 年	486 038	241 022	233 327	11 689	49.6	48.0	2.4
2012 年	540 989	271 113	255 240	14 636	50.1	47.2	2.7
2013 年	596 963	300 338	282 073	14 552	50.3	47.3	2.4
2014 年	647 182	328 313	302 718	16 152	50.7	46.8	2.5
2015 年	699 109	362 267	312 836	24 007	51.8	44.7	3.4
2016 年	745 632	399 910	329 138	16 585	53.6	44.2	2.2

资料来源：国家统计局网站。

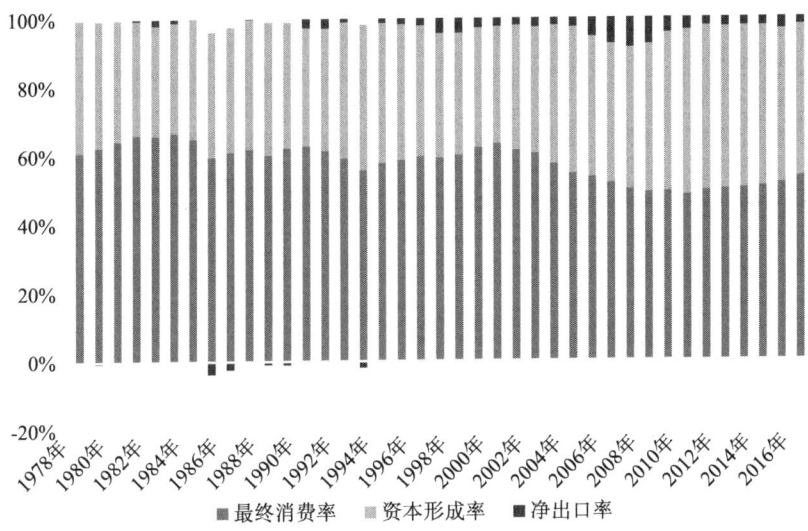

图 2-2 中国经济需求结构（1978—2016 年）

三、地区经济均衡发展分析

【例题】区域经济增长和区域间平衡发展是受到广泛关注的重要议题。区域间经济差距加大不仅将致使收入分配失衡，也将影响经济的整体效率。这些问题受到普遍关注。不同省份的经济发展差距如何？能否缩小省份间经济发展差距？试分析我国的地区经济发展差距。

【解答】改革开放 40 年来，中国经济成长迅速。然而，我国幅员辽阔、人口众多，不同省份的自然资源、地理环境与经济基础均存在较大差异，也存在着区域经济发展不均衡问题。如图 2-3、图 2-4 所示，除个别省份以外，我国各省、自治区、直辖市 1993—2016 年人均 GDP 均实现了平稳较快增长。从不同年份的人均 GDP 变异系数变化趋势来看，1993—2016 年人均 GDP 变异系数总体而言下降趋势明显。1993—2002 年，上海、天津、广东、福建、浙江、江西、山东等东部地区的人均 GDP 增长不断加速，与中、西部地区进一步拉大差距，致使人均 GDP 变异系数由 0.65 增长至 0.71，表明地区经济发展差距呈现扩大趋势；2003—2015 年，受国家西部大开发、振兴东北老工业基地等区域协调发展战略影响，中、西部地区不断崛起，致使人均 GDP 变异系数由 0.70 逐步降低至 0.44，表明地区经济发展差距显著减低；2016 年起，人均 GDP 变异系数微弱上升至 0.45，表明地区经济发展差距再次扩大。

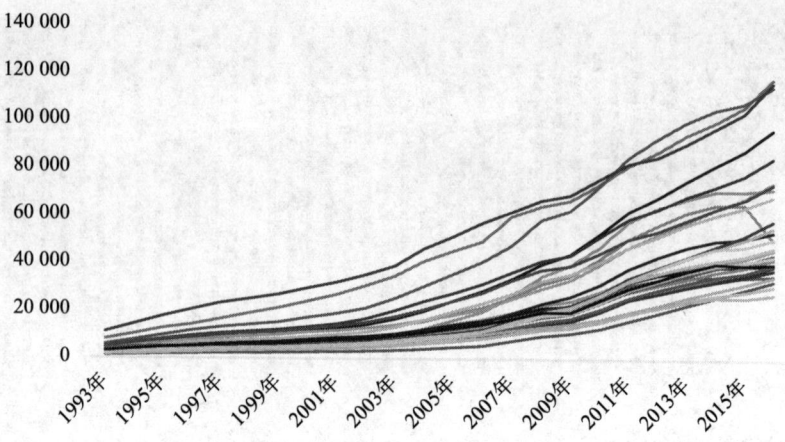

图 2-3 不同省份人均 GDP（1993—2016 年）

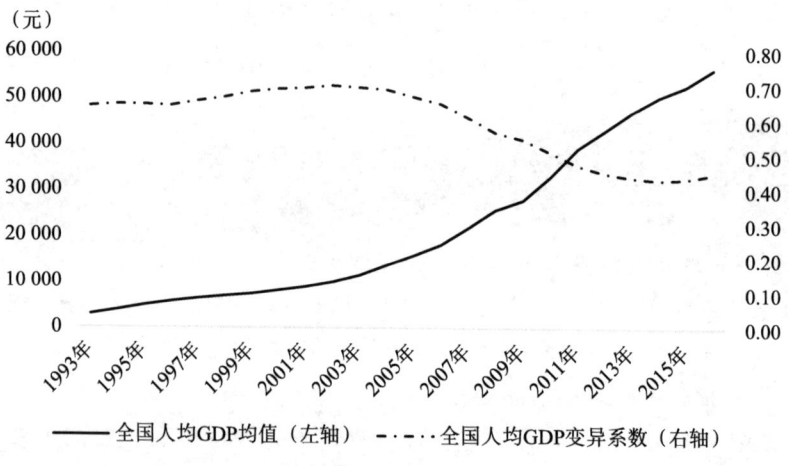

图 2-4 全国人均 GDP 及变异系数（1993—2016 年）

第三章
产业关联数据分析

产业关联数据与经济总量数据都属于生产核算范畴的数据，一方面详尽描述国民经济各种产品的来源与去向，提供丰富的投入产出信息，另一方面，基于投入产出信息，开发出用于产业关联分析的模型和方法。投入产出法与国民经济核算的结合，发端于1950年在荷兰召开的第一次投入产出技术国际会议，把投入产出法引入SNA是修订1953年出版的《国民经济核算体系》中的一项重要内容。

第一节　投入产出表的结构与两个消耗指标

一、投入产出表的结构

生产时，任何一个部门都要消耗材料、燃料、动力和劳动力等，而经过生产活动得到的生产成果，或供其他部门生产中使用，或用于消费、固定资产形成、库存增加和出口等。以钢材生产为例，在钢材生产过程中，要消耗矿石、生铁、煤、电、焦炭等产品，同时也有对钢材的自身消耗，还要支付劳动报酬、上缴利税等。钢材生产出来后，用于矿石、生铁、煤、电、焦炭等产品的生产，还用于出口等。进行宏观经济分析决策，需要同时从生产和使用两个角度来研究国民经济各部门的生产活动，而投入产出表就是全面、系统地反映国民经济各部门生产和使用关系的一种表格。它根据国民经济各部门生产中的投入来源和使用去向,纵横交叉组成一张棋盘式平衡表,深刻揭示了国民经济各部门之间在经济技术上相互依存、相互制约的数量关系,并充分体现国内生产总值的生产、收入、支出三种核算方法的统一。

我国新国民经济核算体系采用如下形式的投入产出表,如表3-1所示。

表3-1　　　　　　　　产品部门×产品部门表

投入 \ 产出	中间使用			最终使用								出口	进口	最终使用合计	总产出
	产品部门1	…	产品部门n	中间使用合计	最终消费				资本形成总额						
					居民消费			政府消费	合计	固定资本形成额	存货增加	合计				
					农村居民消费	城镇居民消费	小计									
中间投入	产品部门1			第一象限	第二象限											
	…															
	产品部门n															
	中间投入合计															
增加值	劳动者报酬			第三象限	第四象限											
	生产税净额															
	固定资产折旧															
	营业盈余															
	增加值合计															

投入产出表以纵横两条粗线为界,形成四个象限。投入产出表的第一象限在表的左上方,由名称和排列顺序相同、数目一致的若干产品部门纵横交叉而成,主栏为中间投入,宾栏为中间使用。矩阵中每一数字都有双重意义,平衡方向反映产品部门的产品提供给各投入部门作为中间使用的数量,垂直方向反映投入部门在生产过程中消耗各产品部门的产品数量。第一象限通过中间产品的投入产出数据,揭示国民经济各部门之间的内在链式,是投入产出表的核心。

第一象限的水平延伸构成投入产出表的第二象限。第二象限在主栏与第一象限的部门分组相同,宾栏包括最终消费、资本形成等各项最终使用,反映各部门的产品用于最终使用的数量和构成。

第三象限是第一象限在垂直方向的延伸。主栏为固定资产损耗、劳动者报酬、生产税净额、营业盈余等各种最初投入，宾栏与第一象限相同，为产品部门。第三象限反映各部门的最初投入，即增加值的形成和构成情况。

第四象限处于投入产出表的右下方，主词为最初投入与总投入，宾词为最终使用与要素构成，总产出。第四象限理应反映社会产品再分配的状况，但由于社会产品再分配情况复杂，目前尚处于理论探讨阶段，所以世界各国编表时一般将这部分略去。

连接投入产出表的第一、第二象限，横标反映国民经济各部门产品和服务的分配和使用去向，即各部门产出的中间使用和最终使用的去向。连接投入产出表的第一、第三象限，竖表反映国民经济各部门在生产经营中的各种投入来源及产品或服务的价值形成过程，即各部门总投入中中间投入和最初投入的数量。

特别需要指出的是，投入产出表中主栏、宾栏中出现的生产部门指的是产品部门。所谓产品部门，是根据产品消耗结构、生产工艺和用途基本相同原则划分的部门。一般来说，产品部门分类越细，部门就越"纯"，借此反映的生产部门间的数量关系就越接近实际，但与此同时，数据搜集、整理和加工计算的工作量就会随之增大，所以确定产品部门分类的粗细程度是编制投入产出表时必须掌握的一种艺术。

二、两个消耗指标

国民经济各部门间复杂的内在联系，首先表现为各部门之间相互耗用产品的数量关系，通过投入产出表，可以计算反映这种数量关系的直接消耗系数和完全消耗系数。直接消耗系数和完全消耗系数这两个消耗指标，是投入产出模型应用与国民经济分析的重要工具。

我们现在以煤对电的消耗来说明直接消耗、间接消耗和完全消耗的概念，然后据此介绍两个消耗指标的计算方法（见图3-1）。

在采煤过程中消耗电，这是煤对电的直接消耗。采煤生产过程消耗采煤设备、钢材、坑木等。采煤设备、钢材、坑木的制造过程中消耗了电力，由于这些采煤设备、钢材、坑木等都用于生产煤，这些电力应看作煤对电的间接消耗。在采煤设备的制造过程中消耗了钢、机床，在钢材的生产过程中消耗了生铁、耐火材料，钢、机床、生铁、耐火材料等的生产过程又消耗了电力，这是煤对电的间接消耗，因为经过两个间接环节，所以称为第二轮间接消耗。在生铁的生产过程中消耗了矿石、焦炭,而矿石、焦炭的生产过程又要消耗电,这是煤对电的第三轮间接消耗,这个过程可以无限制地进行下去,而且是循环往复的。所以我们可以得到无数次间接消耗。煤对电的完全消耗就等于煤对电的直接消耗加上对电的无数次间接消耗的总和。

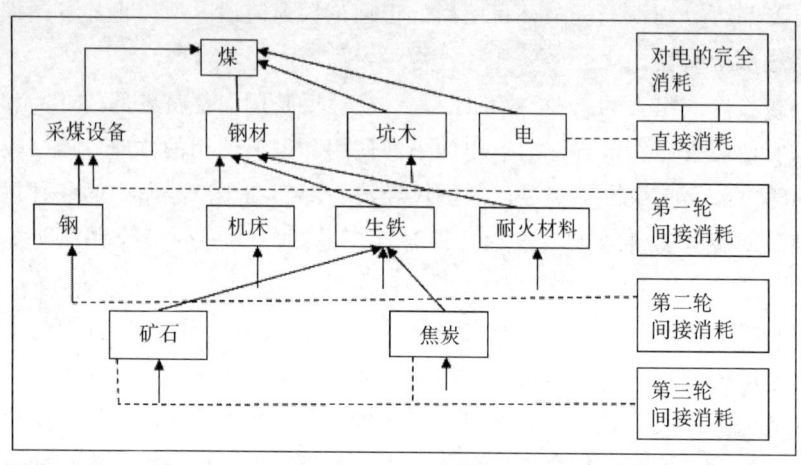

图 3-1 煤对电的消耗

所谓直接消耗系数,指的是 j 部门在生产或经营过程中,单位产出需要消耗 i 部门的产品或服务的数量,其计算公式为:

$$A_{ij}(直接消耗系数) = \frac{X_{ij}(j部门对i部门产品或服务的耗用量)}{X_j(j部门的总投入)}$$

直接消耗系数反映一定的生产组织和技术水平条件下各种生产部门之间的直接技术经济联系。系数大,说明两者相互依赖的程度强;系数小,说明两者相互依赖程度弱;系数为零,说明两者没有直接联系。投入产出表示为矩阵形式,所以计算出来的全部直接消耗系数也构成一个矩阵,通常记为 A,称为直接消耗系数矩阵。

完全消耗系数表示 j 部门每提供一个单位最终使用量要完全消耗 i 部门产品或服务的数量。因完全消耗等于产品的直接消耗与无数次间接消耗之总和,我们可以采用无穷级数的形式建立一个完全消耗系数的计算公式,以 B_{ij} 表示 j 部门单位最终使用量对第 i 部门产品或服务的完全消耗系数。计算公式如下:

$$B_{ij} = A_{ij} + \sum_{k=1}^{n} A_{ik}A_{kj} + \sum_{s=1}^{n}\sum_{k=1}^{n} A_{is}A_{sk}A_{kj} + \sum_{t=1}^{n}\sum_{s=1}^{n}\sum_{k=1}^{n} A_{it}A_{ts}A_{sk}A_{kj} + \cdots (i,j = 1, 2, \cdots, n)$$

上式中，若 j 为煤炭部门，i 为电力部门，则 B_{ij} 表示生产单位煤的最终使用量对电的完全消耗；A_{ij} 表示煤对电的直接消耗；$\sum_{k=1}^{n} A_{ik}A_{kj}$ 表示煤对电的第一轮间接消耗合计；$\sum_{s=1}^{n}\sum_{k=1}^{n} A_{is}A_{sk}A_{kj}$ 表示煤对电的第二轮间接消耗合计；$\sum_{t=1}^{n}\sum_{s=1}^{n}\sum_{k=1}^{n} A_{it}A_{ts}A_{sk}A_{kj}$ 表示煤对电的第三轮间接消耗合计。

上述计算式也可写为如下矩阵形式：

$$B = A + A^2 + A^3 + A^4 + \cdots$$

其中 B 为完全消耗系数矩阵，A^2 为第二轮间接消耗合计（矩阵），A^3 为第三轮间接消耗合计（矩阵），A^4 为第四轮间接消耗合计（矩阵）……

根据线性代数理论可以有如下结论：

$$(I-A)^{-1} = I + A + A^2 + A^3 + A^4 + \cdots$$

因此，完全消耗系数矩阵的计算公式可以进一步简化为：

$$B = (I-A)^{-1} - I$$

可以看出，完全消耗系数是在直接消耗系数的基础上计算出来的。利用完全消耗系数可以测算一定社会需求对整个社会生产规模及其结构的影响。同样，也可以通过一定规模和结构测算比较合理的社会需求，所以计算完全消耗系数具有重要意义。

第二节 SNA 式投入产出表（UV 表）

MPS 和 SNA 两大核算体系都可以在不同程度上为编制投入产出表提供必要的数据，但这些数据都属于"混"部门，不符合投入产出的"纯"部门性质。利用 UV 表法编制投入产出表，就是将基层单位的原始数据不经分解地加以汇总，编成投入表和产出表，然后根据一定的假定，采用数学手段推导出投入产出系数。UV 表法较好地解决了现行统计资料与编制投入产出表的要求之间的矛盾，缩短了编制时间，减少了编表费用，不失为一种科学的编表方法。UV 表法最先在加拿大发展起来，后来在英国和其他一些国家深得推广，并被联合国采纳，成为 SNA 的一个组成部分。

现在以表 3-2 的投入产出基础数据为例，介绍 UV 表法的主要内容。

表 3-2　　　　　　　　　　投入产出基础数据

		产品部门			企业部门			最终产品	总产出
		1	2	⋯	n	1	2	⋯	n		
产品部门	1					U_{11}	U_{12}	⋯	U_{1n}	Y_1	Q_1
	2					U_{21}	U_{22}	⋯	U_{2n}	Y_2	Q_2
	⋮					⋮	⋮		⋮	⋮	⋮
	n					U_{n1}	U_{n2}	⋯	U_{nn}	Y_n	Q_n
企业部门	1	V_{11}	V_{12}	⋯	V_{1n}					G_1	
	2	V_{21}	V_{22}	⋯	V_{2n}					G_2	
	⋮	⋮	⋮		⋮					⋮	
	n	V_{n1}	V_{n2}	⋯	V_{nn}					G_n	
最初投入		N_1	N_2	⋯	N_n	E_1	E_2	⋯	E_n		
总投入		Q_1	Q_2	⋯	Q_n	G_1	G_2	⋯	G_n		

矩阵 $U = \begin{bmatrix} U_{11} & U_{12} & \cdots & U_{1n} \\ U_{21} & U_{22} & \cdots & U_{2n} \\ \vdots & \vdots & \vdots & \vdots \\ U_{n1} & U_{n2} & \cdots & U_{nn} \end{bmatrix}$ 称为投入表（或称投入矩阵，消耗矩阵）。

元素 U_{ij} 表示第 j 企业部门生产过程中对第 i 种产品的消耗量。

矩阵 $V = \begin{bmatrix} V_{11} & V_{12} & \cdots & V_{1n} \\ V_{21} & V_{22} & \cdots & V_{2n} \\ \vdots & \vdots & \vdots & \vdots \\ V_{n1} & V_{n2} & \cdots & V_{nn} \end{bmatrix}$ 称为产出表（或称产出矩阵，制造矩阵）。

元素 V_{ij} 表示产出系数即第 i 企业部门所产生的第 j 类产品的数量。因第 j 类产品主要由第 j 企业部门生产，故矩阵 V 的主对角线上元素的数值往往大于同列其他元素值的和。

定义三个系数：投入系数 $B_{ij} = U_{ij}/G_j$，供应系数 $D_{ij} = V_{ij}/Q_j$，产出系数 $C_{ij} = V_{ij}/G_j$（i, j = 1, 2, ⋯, n），其中投入系数 B_{ij} 表示第 j 部门生产单位产值所消耗的第 i 产品的数量，供应系数 D_{ij} 表示第 j 商品总额中第 i 部门生产的比例，产出系数 C_{ij} 表示第 j 部门的产出中第 i 产品所占的份额。

表 3-2 存在以下几个关系式，它们是 UV 表法的重要依据：

第三章 产业关联数据分析

$$BG + Y = Q$$
$$DQ = G$$
$$CG = Q$$
$$\hat{H}G + E = G$$

其中，$\hat{H} = \text{diag}\left[\sum_{i=1}^{n} b_{i1} \quad \sum_{i=1}^{n} b_{i2} \quad \sum_{i=1}^{n} b_{in}\right]$ 其余大写字母均表示相互矩阵。

$$\begin{cases} B = U\hat{G}^{-1} \\ D = V\hat{Q}^{-1} \\ C = V^T\hat{Q}^{-1} \end{cases}$$

若假定同种产品不论在哪个部门生产，其消耗系数都相同，即所谓产品工艺假定，则"产品×产品"表按下述方法推算：

$A_0 = BC^{-1}$ （A_0 为直接消耗系数）

$X_0 = A_0\hat{Q}$ （X_0 为产品流量表）

编制"纯"部门的投入产出表，除了取得中间流量矩阵外，还需要有最初投入和最终产品数据，因表 3-2 中的 Y 是"纯"部门意义上的最终产品，不需换算，最初投入行向量为：最初投入行向量 = (E_1/G_1, E_2/G_2, …, E_n/G_n) $C^{-1}\hat{Q}$。

产品工艺假定条件下，"部门×部门"表的推算可借助 $\overline{A} = C^{-1}B$（$\overline{A}$ 为直接消耗系数），$\overline{X} = \overline{A}\hat{G}$（$\overline{X}$ 为中间流量）和 $\overline{Y} = C^{-1}Y$ 进行。

设表 3-3 为投入产出基础材料[①]：

先计算系数矩阵：

$$B = U\hat{G}^{-1} = \begin{bmatrix} 10 & 20 & 30 \\ 20 & 40 & 30 \\ 40 & 20 & 60 \end{bmatrix} \begin{bmatrix} 1/100 & & \\ & 1/200 & \\ & & 1/300 \end{bmatrix} = \begin{bmatrix} 0.1 & 0.1 & 0.1 \\ 0.2 & 0.2 & 0.1 \\ 0.4 & 0.1 & 0.2 \end{bmatrix}$$

$$D = V\hat{Q}^{-1} = \begin{bmatrix} 90 & 0 & 10 \\ 0 & 190 & 10 \\ 0 & 20 & 180 \end{bmatrix} \begin{bmatrix} 1/90 & & \\ & 1/210 & \\ & & 1/300 \end{bmatrix} = \begin{bmatrix} 1.000 & 0 & 0.033 \\ 0 & 0.905 & 0.033 \\ 0 & 0.095 & 0.934 \end{bmatrix}$$

---

① 周逸江编著：《投入产出法简述》，上海人民出版社 1986 年版。

表 3-3　　　　　　　　　　投入产出基础材料

		产品部门			企业部门			最终产品	总产出
		1	2	3	1	2	3		
产品	1				10	20	30	30	90
	2				20	40	30	120	210
	3				40	20	60	180	300
部门	1	90	0	10					100
	2	0	190	10					200
	3	0	20	280					300
最初投入					30	120	80		
总投入		90	210	300	100	200	300		

$$C = V^T \hat{Q}^{-1} = \begin{bmatrix} 90 & 0 & 10 \\ 0 & 190 & 20 \\ 10 & 10 & 280 \end{bmatrix} \begin{bmatrix} 1/100 & & \\ & 1/200 & \\ & & 1/300 \end{bmatrix}$$

$$= \begin{bmatrix} 0.900 & 0 & 0 \\ 0 & 0.950 & 0.067 \\ 0.100 & 0.050 & 0.933 \end{bmatrix}$$

在产品工艺假定条件下推导"产品×产品"表矩阵:

$$A_0 = BC^{-1} = \begin{bmatrix} 0.1 & 0.1 & 0.1 \\ 0.2 & 0.2 & 0.1 \\ 0.4 & 0.1 & 0.2 \end{bmatrix} \begin{bmatrix} 0.900 & 0 & 0 \\ 0 & 0.950 & 0.067 \\ 0.100 & 0.050 & 0.933 \end{bmatrix}^{-1}$$

$$= \begin{bmatrix} 0.100 & 0.100 & 0.100 \\ 0.212 & 0.206 & 0.092 \\ 0.412 & 0.094 & 0.208 \end{bmatrix}$$

$$X_0 = A_0 \hat{Q} = \begin{bmatrix} 0.100 & 0.100 & 0.100 \\ 0.212 & 0.206 & 0.092 \\ 0.412 & 0.094 & 0.208 \end{bmatrix} \begin{bmatrix} 90 & & \\ & 210 & \\ & & 300 \end{bmatrix}$$

$$= \begin{bmatrix} 9 & 21 & 30 \\ 19 & 43 & 28 \\ 38 & 20 & 62 \end{bmatrix}$$

最初投入行向量:

$$(E_1/G_1, E_2/G_2, \cdots, E_n/G_n) C^{-1} \hat{Q} = [0.3 \quad 0.6 \quad 0.6]$$

$$\begin{bmatrix} 0.900 & 0 & 0 \\ 0 & 0.950 & 0.067 \\ 0.100 & 0.050 & 0.933 \end{bmatrix}^{-1} \begin{bmatrix} 90 \\ 210 \\ 300 \end{bmatrix} = [0.3 \quad 0.6 \quad 0.6]$$

$$\begin{bmatrix} 1.111 & 0 & 0 \\ 0.0088 & 1.0568 & -0.0795 \\ -0.1199 & 0.0568 & 1.0795 \end{bmatrix} \begin{bmatrix} 90 \\ 210 \\ 300 \end{bmatrix} = [24 \quad 126 \quad 180]$$

于是，编制"产品×产品"投入产出表（见表3-4）。

表3-4　　　　　　　　　"产品×产品"投入产出表

		产品			最终产品	总产出
		1	2	3		
产品	1	9	21	30	30	90
	2	19	43	28	120	210
	3	38	20	62		
最初投入		24	126	180		
总投入		90	210	300		

在产品工艺假定条件下推导"部门×部门"表矩阵：

$$\tilde{A} = C^{-1}B = \begin{bmatrix} 1.111 & 0 & 0 \\ 0.0088 & 1.0568 & -0.0795 \\ -0.1199 & 0.0568 & 1.0795 \end{bmatrix} \begin{bmatrix} 0.1 & 0.1 & 0.1 \\ 0.2 & 0.2 & 0.1 \\ 0.4 & 0.1 & 0.2 \end{bmatrix}$$

$$= \begin{bmatrix} 0.111 & 0.111 & 0.111 \\ 0.180 & 0.204 & 0.091 \\ 0.408 & 0.085 & 0.198 \end{bmatrix}$$

$$\tilde{X} = \tilde{A}\hat{G} = \begin{bmatrix} 0.111 & 0.111 & 0.111 \\ 0.180 & 0.204 & 0.091 \\ 0.408 & 0.085 & 0.198 \end{bmatrix} \begin{bmatrix} 100 \\ 200 \\ 300 \end{bmatrix}$$

$$= \begin{bmatrix} 11 & 12 & 34 \\ 18 & 41 & 27 \\ 41 & 17 & 59 \end{bmatrix}$$

$$\tilde{Y} = C^{-1}Y = \begin{bmatrix} 1.111 & 0 & 0 \\ 0.0088 & 1.0568 & -0.0795 \\ -0.1199 & 0.0568 & 1.0795 \end{bmatrix} \begin{bmatrix} 30 \\ 120 \\ 180 \end{bmatrix}$$

$$= \begin{bmatrix} 33 \\ 114 \\ 183 \end{bmatrix}$$

于是,又可编制出"部门×部门"投入表(见表3-5)。

表 3-5 "部门×部门"投入表

		部门			最终产品	总产出
		1	2	3		
部门	1	11	22	34	33	100
	2	18	41	27	114	210
	3	41	17	59	183	300
最初投入		30	120	180		
总投入		100	200	300		

除了产品工艺假定外,有时还进行部门工艺假定,即假定一个部门生产的所有产品,其消耗结构都相同。下面介绍部门工艺假定条件下,"产品×产品"表和"部门×部门"表的推导。

$$A_0 = BD = \begin{bmatrix} 0.1 & 0.1 & 0.1 \\ 0.2 & 0.2 & 0.1 \\ 0.4 & 0.1 & 0.2 \end{bmatrix} \begin{bmatrix} 1.000 & 0 & 0.033 \\ 0 & 0.905 & 0.033 \\ 0 & 0.095 & 0.934 \end{bmatrix} = \begin{bmatrix} 0.100 & 0.100 & 0.100 \\ 0.200 & 0.190 & 0.107 \\ 0.400 & 0.110 & 0.203 \end{bmatrix}$$

$$X_0 = A_0 \hat{Q} = \begin{bmatrix} 0.100 & 0.100 & 0.100 \\ 0.200 & 0.190 & 0.107 \\ 0.400 & 0.110 & 0.203 \end{bmatrix} \begin{bmatrix} 90 & & \\ & 210 & \\ & & 300 \end{bmatrix} = \begin{bmatrix} 9 & 21 & 30 \\ 18 & 40 & 32 \\ 36 & 23 & 61 \end{bmatrix}$$

最初投入行向量 $= (E_1, E_2, \cdots, E_n) \hat{G}^{-1} D \hat{Q}$

$$= \begin{bmatrix} 30 & 120 & 180 \end{bmatrix} \begin{bmatrix} 1/100 & & \\ & 1/200 & \\ & & 1/300 \end{bmatrix}$$

$$\begin{bmatrix} 1.000 & 0 & 0.033 \\ 0 & 0.905 & 0.033 \\ 0 & 0.095 & 0.934 \end{bmatrix} \begin{bmatrix} 90 & & \\ & 210 & \\ & & 300 \end{bmatrix}$$

因此,可编制部门工艺假定下的"产品×产品"表(见表3-6)。

第三章 产业关联数据分析

表 3-6　　　　　部门工艺假定下的"产品×产品"表

		产品			最终产品	总产出
		1	2	3		
产品	1	9	21	30	30	90
	2	18	40	32	120	210
	3	36	23	61	180	300
最初投入		27	126	177		
总投入		90	210	300		

部门工艺假定条件下,"部门×部门"表推导矩阵:

$$A = DB = \begin{bmatrix} 1.000 & 0 & 0.033 \\ 0 & 0.905 & 0.033 \\ 0 & 0.095 & 0.934 \end{bmatrix} \begin{bmatrix} 0.1 & 0.1 & 0.1 \\ 0.2 & 0.2 & 0.1 \\ 0.4 & 0.1 & 0.2 \end{bmatrix} = \begin{bmatrix} 0.113 & 0.103 & 0.107 \\ 0.194 & 0.184 & 0.097 \\ 0.393 & 0.112 & 0.196 \end{bmatrix}$$

$$X = A\hat{G} = \begin{bmatrix} 0.111 & 0.111 & 0.111 \\ 0.180 & 0.204 & 0.091 \\ 0.408 & 0.085 & 0.198 \end{bmatrix} \begin{bmatrix} 100 & & \\ & 200 & \\ & & 300 \end{bmatrix} = \begin{bmatrix} 11 & 12 & 34 \\ 18 & 41 & 27 \\ 41 & 17 & 59 \end{bmatrix}$$

$$Y = DY = \begin{bmatrix} 1.000 & 0 & 0.033 \\ 0 & 0.905 & 0.033 \\ 0 & 0.095 & 0.934 \end{bmatrix} \begin{bmatrix} 30 \\ 120 \\ 180 \end{bmatrix} = \begin{bmatrix} 36 \\ 115 \\ 179 \end{bmatrix}$$

因此,可编制部门工艺假定下的"部门×部门"表(见表 3-7):

表 3-7　　　　　部门工艺假定下的"部门×部门"表

		部门			最终产品	总产出
		1	2	3		
部门	1	11	21	32	36	100
	2	19	37	29	115	200
	3	40	22	59	179	300
最初投入		30	120	180		
总投入		100	200	300		

需要指出的是,产品工艺假定计算的结果与部门工艺假定计算结果有一定差异。其根本原因是,各产业部门有次要生产的存在,如果各产业部门都只生产各自的特征产品而无次要生产存在的话,则两种假定都会得到完全相同的结果。另外,在 UV 表法中,无论是产品之间的直接消耗系数和流量,还是部门

之间的直接消耗系数和流量，都是在很强的经济假定下，通过数学方法机械地推算出来的，而这些极端性的经济假定有时会与实际的情况有很大的出入。为了克服产品工艺假定和部门工艺假定的缺陷，出现了所谓"混合工艺假定"方法，这是在产品工艺假定和部门工艺假定的基础上发展起来的一种方法。

第三节 投入产出模型与模型求解

投入产出方法既是一种核算方法，又是一种分析方法，编制投入产出模型则是开展投入产出分析的基础。

一、投入产出模型

投入产出表存在一系列平衡关系，可以构成以下几方面的线性数学模型（见表 3-8）：

1. 从投入产出表的水平方向看，存在如下平衡关系：

$$X_{11} + X_{12} + \cdots + X_{1n} + Y_1 = Q_1$$
$$X_{21} + X_{22} + \cdots + X_{2n} + Y_2 = Q_2$$
$$\cdots\cdots\cdots\cdots\cdots\cdots\cdots$$
$$X_{n1} + X_{n2} + \cdots + X_{nn} + Y_n = Q_n$$

考虑到 $A_{ij} = X_{ij}/Q_j$，上面方程组又可改化为：

$$X_{11}Q_1 + X_{12}Q_2 + \cdots + X_{1n}Q_n + Y_1 = Q_1$$
$$X_{21}Q_1 + X_{22}Q_2 + \cdots + X_{2n}Q_n + Y_2 = Q_2$$
$$\cdots\cdots\cdots\cdots\cdots\cdots\cdots$$
$$X_{n1}Q_1 + X_{n2}Q_2 + \cdots + X_{nn}Q_n + Y_n = Q_n$$

上述联立方程组化为矩阵形式：

$$AQ + Y = Q$$

其中：

表 3–8　　　　　　投入产出表构成的线性数学模型

		中间使用					最终使用	总产出
		1	2	…	n	小计		
中间投入	1	X_{11}	X_{12}	…	X_{1n}	$\sum_{j=1}^{n} X_{1j}$	Y_1	Q_1
	2	X_{21}	X_{22}	…	X_{2n}	$\sum_{j=1}^{n} X_{2j}$	Y_2	Q_2
	⋮	⋮	⋮	⋮	⋮	⋮	⋮	⋮
	n	X_{n1}	X_{n2}	…	X_{nn}	$\sum_{j=1}^{n} X_{nj}$	Y_n	Q_n
	小计	$\sum_{i=1}^{n} X_{i1}$	$\sum_{i=1}^{n} X_{i2}$	…	$\sum_{i=1}^{n} X_{in}$	$\sum_{i=1}^{n}\sum_{j=1}^{n} X_{ij}$	$\sum_{i=1}^{n} Y_i$	$\sum_{i=1}^{n} Q_i$
最初投入	C_{1j}	C_{11}	C_{12}	…	C_{1n}	$\sum_{j=1}^{n} C_{1j}$		
	V_j	V_1	V_2	…	V_n	$\sum_{j=1}^{n} V_j$		
	M_j	M_1	M_2	…	M_n	$\sum_{j=1}^{n} M_j$		
总投入		Q_1	Q_2	…	Q_n	$\sum_{j=1}^{n} Q_j$		

$$A = \begin{bmatrix} A_{11} & A_{12} & \cdots & A_{1n} \\ A_{21} & A_{22} & \cdots & A_{2n} \\ \vdots & \vdots & \vdots & \vdots \\ A_{n1} & A_{n2} & \cdots & A_{nn} \end{bmatrix} \quad Q = \begin{bmatrix} Q_1 \\ Q_2 \\ \vdots \\ Q_n \end{bmatrix} \quad Y = \begin{bmatrix} Y_1 \\ Y_2 \\ \vdots \\ Y_n \end{bmatrix}$$

于是有：

$Q = (I-A)^{-1} Y$ 或 $Y = (I-A)Q$

这两个表达式对于编制国民经济计划具有重要应用价值。若已知列向量 Y 的数值，可利用 $Q = (I-A)^{-1} Y$ 求出总产出 Q；若已知总产出 Q，可利用 $Y = (I-A)Q$，求出最终使用 Y。

2. 从垂直方向看，存在如下平衡关系：

$X_{11} + X_{21} + \cdots + X_{n1} + C_{11} + V_1 + M_1 = Q_1$

$X_{12} + X_{22} + \cdots + X_{n2} + C_{12} + V_2 + M_2 = Q_2$

…………………………………

$X_{1n} + X_{2n} + \cdots + X_{nn} + C_{1n} + V_n + M_n = Q_n$

将直接消耗系数引入上述方程，我们有：

$$X_{11}Q_1 + X_{21}Q_1 + \cdots + X_{n1}Q_1 + C_{11} + V_1 + M_1 = Q_1$$
$$X_{12}Q_2 + X_{22}Q_2 + \cdots + X_{n2}Q_2 + C_{12} + V_2 + M_2 = Q_2$$
$$\cdots\cdots\cdots\cdots\cdots\cdots$$
$$X_{1n}Q_n + X_{2n}Q_n + \cdots + X_{nn}Q_n + C_{1n} + V_n + M_n = Q_n$$

若记

$$D = \begin{bmatrix} \sum_{i=1}^{n} A_{i1} & 0 & \cdots & 0 \\ 0 & \sum_{i=1}^{n} A_{i2} & \cdots & 0 \\ \vdots & \vdots & \vdots & \vdots \\ 0 & 0 & \cdots & \sum_{i=1}^{n} A_{in} \end{bmatrix} \quad C = \begin{bmatrix} C_{11} \\ C_{12} \\ \vdots \\ C_{1n} \end{bmatrix} \quad V = \begin{bmatrix} V_1 \\ V_2 \\ \vdots \\ V_n \end{bmatrix} \quad M = \begin{bmatrix} M_1 \\ M_2 \\ \vdots \\ M_n \end{bmatrix}$$

则上述方程可以表示为如下矩阵形式：

$DQ + C + V + M = Q$

或者 $(I - D)Q = C + V + M$

$Q = (I - D)^{-1}(C + V + M)$

若已知各部门 C、V、M 和 D，根据上式可推算各部门总投入。

二、霍金斯—西蒙条件和索罗条件

按投入产出模型应用到实际经济问题的分析时，模型必须是能够求解的，其结果也必须具有实际的经济意义，如 $Q = (I - A)^{-1}Y$，由 Y 推 Q，要使模型有解，而且具有实际的经济意义，就必须满足：

（1）$(I - A)$ 可逆，即矩阵$(I - A)$满秩。

（2）模型的解唯一确定，若 Q 有无穷多个值，尽管有数学意义，但没有经济意义。

（3）Q 的各个值均为负，即各部门的总产出不为负数。

霍金斯—西蒙和索罗分别从不同角度提出了投入产出模型的求解条件。霍金斯—西蒙认为，要想使投入产出模型取得具有经济意义的解，直接消耗系数必须满足：

（1）各部门直接消耗系数大于或等于 0，小于 1，即 $0 \leq A_{ij} < 1$。

(2) 直接消耗系数矩阵中，各行元素之和小于或等于1，即 $\sum_{i=1}^{n} A_{ij} \leqslant 1$。

(3) 直接消耗系数矩阵中，至少有一列元素，其和小于1，即至少有一部门 K，使 "$\sum_{i=1}^{n} A_{iK} < 1$"。

霍金斯—西蒙条件和索罗条件的经济意义是不难理解的。第 j 部门对第 i 部门的中间消耗，理应不超过其总投入，故 A_{ij} 不应大于或等于1，直接消耗系数实质是一个结构相对数，所以 A_{ij} 又不应小于 0；在 "$\sum_{i=1}^{n} A_{ij} < 1$" 的条件下，第 j 部门才有能力支付雇员的劳动报酬，才能支付税负，弥补折旧，所以有 "$\sum_{i=1}^{n} A_{ij} \leqslant 1$" 的限制条件，为什么要求 "$\sum_{i=1}^{n} A_{iK} < 1$" 呢？这是因为，只有"至少以部门提供的净产品不为零"，其他部门的亏损和全社会的积累、消费才可由这一部门创造的净产品去支持，不然社会再生产就难以为继。

霍金斯—西蒙条件和索罗条件均可做出严格的数学证明。这些条件的提出对于确定投入产出数学模型具有十分重要的理论意义。但是需要指出的是，因为实际统计资料编制投入产出表，其计算的直接消耗系数一般满足上述条件，所以在实际投入产出分析工作中，一般不对投入产出模型进行求解条件检验。

第四节 投入产出系数的修订方法

投入产出模型中的直接消耗系数具有相对稳定性，在一个比较短的时间内，因国民经济各部门的生产技术水平、管理水平、产品的结构和价格比例等影响因素不会发生重大变动，故直接消耗系数的数值不会发生根本性的变化。因此，把投入产出模型用在短期计划预测上，常能取得令人满意的结果，但从本质上看，直接消耗系数是个变数，时间越长，发生变动的幅度就越大，这样用原来的直接消耗系数去预测变化了的客观实际，就难免不会发生较大的偏差，正是出于这种考虑，才产生了修订投入产出系数的要求。

早在20世纪40年代，人们就开始研究投入产出系数的修订方法。代表性的修订方法有技术经济分析方法、专家调查法和数学修订法，其中数学修订方法又有RAS法、卡门滤波方法、统计回归方法，等等，其中RAS法影响最大，使用最为广泛。联合国统计局于1973年把RAS法作为修订直接消耗系数的标准方法向各国推荐。

RAS法假定直接消耗系数A_{ij}受到两个方面的影响：一是替代影响，即某种投入品既可以被别的投入品所替代，又可以去替代别的投入品，替代影响体现在流量表的乘数R上；二是制造影响，即产品在生产过程中，由于生产技术水平和管理水平变化所引起的直接消耗系数的变动影响体现在列乘数S上。RAS法又假定，无论是替代影响还是制造影响，都具有部门间的一致性，即假定各部门的替代比例相同，各部门的各项中间投入的变化率也相同。

在替代影响和制造影响都具有"一致性"的假定条件下，基期和报告期的直接消耗系数矩阵存在如下关系：

$$A' = \hat{R} A^0 \hat{S}$$

其中，A^0为基期直接消耗系数矩阵；A'为报告期直接消耗系数矩阵。

$$\hat{R} = \begin{bmatrix} R_1 & & & \\ & R_2 & & \\ & & \ddots & \\ & & & R_n \end{bmatrix} \quad \hat{S} = \begin{bmatrix} S_1 & & & \\ & S_2 & & \\ & & \ddots & \\ & & & S_n \end{bmatrix}$$

若记$\hat{Q}$为报告期总产出的对角阵，则报告期中间产品流量X为：

$$\begin{aligned}
X &= A'\hat{Q} = \hat{R} A^0 \hat{S} \hat{Q} \\
&= \begin{bmatrix} R_1 & & & \\ & R_2 & & \\ & & \ddots & \\ & & & R_n \end{bmatrix} \begin{bmatrix} A_{11}^0 & A_{12}^0 & \cdots & A_{1n}^0 \\ A_{21}^0 & A_{22}^0 & \cdots & A_{2n}^0 \\ \vdots & \vdots & \vdots & \vdots \\ A_{n1}^0 & A_{n2}^0 & \cdots & A_{nn}^0 \end{bmatrix} \\
&\quad \begin{bmatrix} S_1 & & & \\ & S_2 & & \\ & & \ddots & \\ & & & S_n \end{bmatrix} \begin{bmatrix} Q_1 & & & \\ & Q_2 & & \\ & & \ddots & \\ & & & Q_n \end{bmatrix} \\
&= \begin{bmatrix} R_1 A_{11}^0 S_1 Q_1 & R_1 A_{12}^0 S_2 Q_2 & \cdots & R_1 A_{1n}^0 S_n Q_n \\ R_2 A_{21}^0 S_1 Q_1 & R_2 A_{22}^0 S_2 Q_2 & \cdots & R_2 A_{2n}^0 S_n Q_n \\ \vdots & \vdots & \vdots & \vdots \\ R_n A_{n1}^0 S_1 Q_1 & R_n A_{n2}^0 S_2 Q_2 & \cdots & R_n A_{nn}^0 S_n Q_n \end{bmatrix}
\end{aligned}$$

从而得到报告期中间产品行合计列向量（H）和列合计行向量（W）的代数表达式：

$$\begin{cases} H_i = \sum_{j=1}^{n} X_{ij} = \sum_{j=1}^{n} R_i A_{ij}^0 Q_j S_j \\ W_j = \sum_{i=1}^{n} X_{ij} = \sum_{i=1}^{n} R_i A_{ij}^0 Q_j S_j \end{cases}$$

式中：A_{ij}^0、Q_j、H_i、W_j 均为已知数，R_i、S_j 为未知数，通过迭代方法可求解 R_i、S_j 的 2n 个未知数，代入 "$A' = \hat{R} A^0 \hat{S}$"，即可得到报告期的直接消耗系数，这就是所谓修订了的直接消耗系数。

用 RAS 法修订投入产出系数是在严格的限定条件下进行的，因而会程度不同地影响投入产出系数的准确性，但各国投入产出分析的应用实践都表明，用 RAS 法修订直接消耗系数比不修订要好。在实际经济情况较接近假定条件时，修订结果和实际的投入产出系数是很相近的。

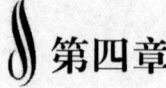

第四章
资金流量数据分析

　　第二章经济总量数据分析,旨在分析商品与服务生产相关的系列指标;第三章产业关联数据分析,旨在阐明国民经济结构及与之相关的技术经济联系。概括而言,经济总量数据分析与产业关联数据分析均关注经济中的产品实物循环。事实上,国民经济的运行可区分为实物循环与资金循环两个层面。本章所阐述的资金流量分析,是立足国民经济运行的资金层面,系统地反映资金在国民经济运行中循环过程的系列指标。具体而言,资金循环可分为两类,资金流量系列指标也随之分为两类。第一类资金循环,是与商品和服务生产过程相伴随的资金循环过程,反映商品和服务生产过程中,生产要素供给与使用引起的资金流动,以及收入再分配引起的资金流动,由资金流量核算的实物交易部分呈现,相关的资金流量分析指标来自资金流量表(实物交易部分)的交易项与平衡项;第二类资金循环,是与金融工具交易相伴随的资金循环过程,反映机构部门间依托金融工具调剂资金余缺的过程,即由金融交易引起的机构部门或经济总体金融资产和负债的产生过程,由资金流量核算的金融交易部分呈现,相关的资金流量分析指标来自资金流量表(金融交易部分)的交易项目。鉴于第一类资金循环包含收入初次分配、收入再分配、收入使用、非金融资产形成,资金流量表(实物交易部分)的指标能够用于收入分配与收入再分配问题,以及非金融资产投资与储蓄差额等重大经济问题的现状分析;第二类资金循环主要涉及金融资产、金融负债的形成,因而资金流量表(实物交易部分)的指标能够用于金融中介机构融资能力、不同机构部门的投融资情况分析。

　　本章首先介绍资金流量核算的基本原理,继而依托资金流量表构成考察资金流量分析指标,并依托具体案例深刻理解资金流量的应用。

第一节 资金流量核算原理

研究者可基于资金流量表，获知社会资金运动和收入分配情况，以系统地研究一定时期国民经济各部门的收入形成、收入分配和使用、资金筹集与运用以及机构部门间资金流入与流出情况，即反映资金的流量、流向与国民经济各机构部门资金余缺调剂状况。资金流量核算，正是资金流量表形成的基础。

一、资金流量核算的一般问题

（一）资金流量的核算范围

1947 年，美国经济学家莫里斯·柯普兰（Morris A. Copeland）提出一套区分部门的账户，来描述部门间的资金运动。考虑到资金运动（Money flows）是组织经济活动的重要角色，编撰这些账户旨在更好地理解资金运动，进而更好地理解美国当时就业率偏低的问题。1952 年，柯普兰发表"战后经济中的资本流动（*The Flow of Capital Funds in the Postwar Economy*）"一文，标志着资金流量分析方法创立。资金流量核算试图回答这样几个问题：当产品购买增加时，购买产品的资金从何处来？当产品购买下降时，多余资金向何处去，是储藏起来吗？谁有权增加或减少产品支出？现金余额、其他流动资产和债务在资金流量的周期性扩张与收缩中扮演怎样的角色？为解决上述问题，我们需要知道生产中创造的价值如何分配，如何形成最终消费、固定资产投资与金融投资。柯普兰构建了一套资金流量核算账户，用于系统地追踪社会资金在国民经济各部门之间的来源与运用，全面地分析资金的构成、流量、流向及余缺。

SNA 的编撰者将资金流量纳为核算内容，始终将资金流量表作为 SNA 中心框架的重要组成部分，并不断丰富其功能。资金流量核算逐步成为世界范围内国家宏观经济管理的重要工具之一。1968 年版 SNA 将资金流量表纳为核算内容；1993 年版 SNA，国际货币基金组织（IMF）和世界银行（WB）等国际组织对 SNA 进行大规模修订；2008 年版 SNA 中，资金流量分析的分类和使用功能得以增强，明确了货币金融统计和资金流量分析的关系，建立"由谁到谁（from-whom-to-whom）"的三维资金流量矩阵表，并增加对跨境金融交易的统计描述。

（二）资金流量核算过程及分类

经济中的实物与资金运动过程如图4-1所示。其中，实物运动过程以虚线表示，资金运动过程以实线表示。总体来看，生产环节创造的增加值，经历收入的初次分配和再分配，形成可支配收入。部分可支配收入用于最终消费支出，其余资金形成储蓄。在总储蓄的使用方面，部分储蓄形成固定资本，其他储蓄用于金融交易。固定资本的形成与金融交易开展，均影响资产负债存量的变化。

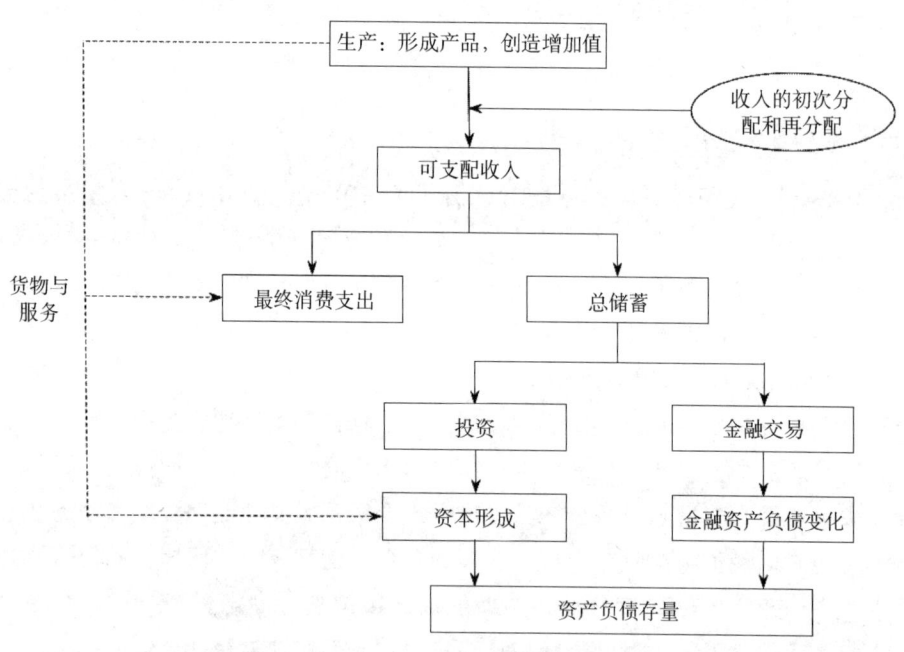

图4-1 实物与资金运动过程

依据核算范围的差异，资金流量核算可以区分为不同类型。广义上看，资金流量核算既包含实物交易，也包含金融交易。前者记录国民经济各机构部门之间、国内与国外的收入分配，后者记录国民经济各机构部门之间、国内与国外的金融交易。广义的资金流量核算从收入分配和储蓄投资两个层面共同反映资金运动。这种类型的资金流量核算优点是交易环节多、信息量大、与国民核算其他内容衔接良好，缺点是编表时间较长。实践中，加拿大、中国采用这种模式。狭义上看，资金流量核算仅包含金融交易，记录国民经济各机构部门之间、国内与国外的金融交易。狭义的资金流量核算仅反映储蓄投资层面的资金运动。这种类型的资金流量核算优点是编表时间短、金融交易项目更详细、实用性强，缺点是与国民经济核算其他部分难以协调，统计组织管理系统比较松散的国家通常采用这种模式。在广义与狭义以外，还有一种资金流量核算类型，以总储蓄为起点，既包含资本转移、固定资本形成等非金融投资交易项目，也包含金融交易项目。这类资金流量核算能够兼顾编表时间、交易项目丰富程度、实用性、与国民经济核算其他部分的协调问题，为大多数国家所采用。本章从广义的资金流量核算视角进行介绍。

二、资金流量的核算原则、基本表式与平衡关系

（一）资金流量的核算原则

资金流量核算的记账方法采用复式记账法，意味着每笔交易都须做双重记录。复式记账法，可以全面地、相互联系地反映资金流转的全貌，确保了收支流量的借贷对应，使资金流量表具备平衡关系。就实物交易而言，某机构部门的收入对应着另一机构部门的支出，支出记录在机构部门的"运用"，收入记录在机构部门的"来源"；就金融交易而言，某机构部门的金融资产增加对应着另一机构部门的负债增加或资产减少，第一对登录是本单位物品的提供和其他单位物品的获得，第二对登录是其他单位为获得物品而提供的支付工具和本单位获得的支付工具。

资金流量表的记账时间采用权责发生制。对于收入分配而言，资金流量在收入支付责任认定的时刻记录；对于消费而言，资金流量在消费品所有权转移的时刻记录；对于固定资产形成而言，资金流量在固定资产生产完成的时刻或固定资产所有权转移到本企业的时刻记录；对于金融交易而言，须区分不同情形。如果与交易相关的所有登录均属金融账户，那么资金流量应在资产所有权转移的同一时刻记录；如果是货物与服务的销售引起商业信用，那么资金流量应记录为非金融账户中货物所有权转移或服务发生的时刻。

资金流量表的估价原则遵循市场价格原则。如果交易双方约定了交易价格，则资金流量表交易金额以约定的价格记录；如果交易双方没有约定交易价

格，则资金流量表交易金额按市场上同类交易的价格记录；如果缺乏市场上同类交易价格数据，则资金流量表按照生产成本价格记录。

资金流量表金融交易部分的数据归集，还遵循着取净额和合并的原则。取净额是指对于同一交易项而言，同一机构单位在账户的两方登录互相抵消的过程。合并是指将某一组机构单位的资产账户对应的负债交易相抵消的过程。

（二）资金流量基本表式

资金流量核算由国民账户体系中的收入初次分配账户、收入再分配账户、收入使用账户、资本账户的流量部分、金融账户的流量部分共同组成。具体来讲，资金流量表以复式账户呈现，实际是各部门资金流量账户的综合，如表4-1所示。经常账户包含生产账户、收入形成账户、初始收入分配账户、收入再分配账户和收入使用账户。积累账户包括资本账户和金融账户。广义上，资金流量表由实物交易部分与金融交易部分共同构成。资金流量表（实物交易部分）覆盖从增加值创造到非金融投资的资金收支流动过程，在我国，这部分资金流量表由国家统计局负责编制；资金流量表（金融交易部分）覆盖国民经济中的金融交易过程，在我国，这部分资金流量表由中国人民银行负责编制。

如表4-1所示，标准的资金流量表采用矩阵式结构，资金流量表的主栏表示交易项目，宾栏按国际惯例，采用机构部门分类，细分为住户部门、非金融企业部门、金融企业部门、一般政府部门、为住户服务的非营利机构部门、国外部门。各机构部门下设"资金来源"（简称"来源"）与"资金使用"（简称"使用"）两列。其中，"资金来源"表示机构部门资金的筹集与流入，"资金使用"表示机构部门资金的使用与流出。

（三）资金流量表的平衡关系

1. 资金来源与资金运用的内部平衡关系。无论是实物交易还是金融交易，机构部门内部都遵循着"资金来源"与"资金使用"相等的关系。资金流量表的纵向，存在着机构部门内部的平衡关系：机构部门资金运用合计 = 机构部门资金来源合计。实物交易的机构部门内部平衡关系可进一步表达为：增加值 + 国内外分配再分配收支差 = 国民可支配收入。金融交易的机构部门内部平衡关系可进一步表达为：金融资产净增加 = 金融负债净增加 + 净金融投资。鉴于资金流量表反映的是机构部门收入、分配、消费、储蓄、投资及金融资产和

表 4–1　　　　　　　　　　　标准的资金流量表

		住户		非金融企业		金融企业		一般政府		为住户服务的非营利机构		国内部门合计		国外		所有部门合计	
		使用	来源	使用	来源	使用	来源	使用	来源	使用	来源	使用	来源	使用	来源	使用	来源
实物交易	经常账户																
	增加值																
	可支配收入																
	总储蓄																
	资本账户																
	投资																
	净金融投资																
金融交易	金融账户																
	净金融投资																
	直接金融工具																
	间接金融工具																
	国外金融工具																
	合计																

负债的增减，考察资金来源与资金运用的交易项目，就能够反映出机构部门内部资金流动的来龙去脉。

因各机构部门均遵循"资金来源"与"资金使用"相等的平衡关系，国民经济整体同样存在"资金来源"与"资金运用"相等的平衡关系，即"各机构部门资金来源合计 = 各机构部门资金运用合计"。

2. 资金来源与资金运用的外部平衡关系。对于一项交易项目而言，无论是实物交易还是金融交易，国民经济整体的各个机构部门（包含国外部门）遵循着"资金来源"与"资金使用"相等的关系。资金流量表的横向，存在着机构部门外部的平衡关系：交易项目资金来源合计 = 交易项目资金使用合计。鉴于资金流量表可反映收入在机构部门间的分配与再分配情况，以及金融交易调剂各部门资金余缺的过程，考察交易项目资金来源与使用的机构部门结构，能够反映交易项目的资金在机构部门间流动的来龙去脉。

因各交易项目均遵循"资金来源"与"资金使用"相等的平衡关系，国民经济整体同样存在"资金来源"与"资金使用"相等的平衡关系，即"各交易项目资金来源合计=各交易项目资金运用合计"。如果将经济整体区分为国内和国外,即有"国内金融资产净增加=国内金融负债净增加+对国内的净金融投资",以及"国外金融资产净增加=国外金融负债净增加+对国外的净金融投资"。

3. 实物交易与金融交易间的平衡关系。"净金融投资"既是资金流量表实物交易部分的最终平衡项目,也是资金流量表金融交易部分的起始项目,即有平衡关系:实物交易的净金融投资=金融交易的净金融投资。鉴于金融交易的净金融投资是由实物交易的净金融投资转化而来,两种净金融投资在理论上相等。因此,金融投资分析中的净金融投资指标是对非金融投资分析中净金融投资资金调剂方式的阐释,而非金融投资分析中的净金融投资指标是金融投资分析的起点。在实际编表时,资金流量表实物交易的净金融投资与金融交易的净金融投资常常存在差额,这种差额因统计误差的存在而产生。

第二节 资金流量分析指标

基于资金流量核算包含实物交易与金融交易层面的多项核算内容,资金流量表交易项目与平衡项等资金流量分析指标被广泛地用于对收入分配、非金融投资、金融交易等问题的分析。在实物交易部分,收入分配分析主要考察国民收入在企业部门、政府部门和住户部门之间的分配状况,包含收入的初次分配与收入再分配两个过程。前者是指作为生产经营成果的增加值直接分配的过程,最终形成各部门的初始收入;后者是指各部门获得或支出转移收入的过程,最终形成各部门的可支配收入。非金融投资分析主要考察固定资产形成规模。在金融交易部分,金融交易分析主要考察金融资产负债的新增与减少,反映经由金融交易发生的资金调剂。知悉相关指标的内涵、口径,是运用资金流量分析指标的基础。

一、收入分配分析指标

在收入分配统计分析中,可支配收入是基尼系数、国民收入分配结构的重要指标。恩格尔系数:较为广泛地用于测量贫富程度的指数,测算居民食品烟酒支出占消费支出的比重(居民消费支出)。除此以外,还有雇员报酬、住户部门收入分配(初次分配额、最终分配额)等指标。事实上,收入分配与使用核算是资金流量核算(实物交易)的主要组成部分,由收入的初次分配、收入的再分配、收入使用三个环节构成。使用资金流量表研究收入分配问题的优势在于,资金流量表完整地记录了各机构部门以增加值为起点,经过初次分配形成初次分配总收入,之后经过再分配形成可支配收入的过程;除此之外,还反映了除此分配中各种要素收入,即再分配阶段各种转移支付项目在部门间的分配情况,故而适用于分析国民收入份额分配格局及其变化原因(白重恩和钱震杰,2009)。

2014 年中国资金流量表——实物交易、收入分配部分如表 4-2 所示。

(一)收入的初次分配(The Distribution of Income)分析指标

收入的初次分配由两个过程组成。第一个过程被称为"收入形成核算",是立足于增加值,将其分摊至劳动、资本等生产要素所有者,产生雇员报酬、生产税净额、营业盈余几个交易项目;第二个过程被称为"初始收入分配核算",立足营业盈余,由不同生产要素的所有者将资金在部门间分配,并经由资产使用引致的财产收入分配形成初始收入,产生初始收入和国民总收入指标。

1. 雇员报酬(Compensation of Employees),是指企业在核算期内按雇员在生产活动中的贡献向其支付的全部现金和实物报酬。具体来说,雇员报酬包含货币与实物形式的工资、奖金、津贴、其他劳务收入,雇主单位向社会保险计划缴纳的款项(包含雇员股票期权)。在实际核算中,还存在着住户部门非法人企业的自雇者。自雇者所获的收入,因兼具雇员报酬与营业盈余性质而被称为混合收入(Mixed Income)。我国通常将雇员报酬与混合收入合称为劳动者报酬,用以表明劳动力因参与活动而获得的报酬。在经济分析中,劳动者报酬占国民收入比重的高低,即劳动收入份额指标的高低,是判断初次分配格局中国民收入向住户部门倾斜程度的重要指标。受当年核算资料、核算口径的影响,资金流量表与收入法 GDP 中的劳动者报酬指标存在差异,而后者是研究劳动收入份额主要的数据资料。国家统计局分别于 2004 年、2010 年对资金流量表劳动者报酬历史数据进行调整,使其与收入法 GDP 劳动者报酬指标保持一致。

表 4－2　　2014 年中国资金流量表——实物交易、收入分配部分

（单位：亿元）

机构部门 交易项目	非金融企业部门		金融机构部门		政府部门		住户部门		国内合计		国外部门		合计	
	运用	来源	运用	来源	运用	来源	运用	来源	运用	来源	运用	来源	运用	来源
一、净出口												-16 151.6		-16 151.6
二、增加值		392 751.1		46 665.2		47 757.3		156 800.4		643 974.0				
三、劳动者报酬	162 388.2		13 687.5		41 014.1	305.0	109 675.1	328 347.4	326 764.9	328 347.4	1 837.9	255.4	328 602.8	328 602.8
四、生产税净额	69 823.0	26 991.2	5 366.8		6 313.1	78 643.1	3 148.3		78 643.1	78 643.1			78 643.1	78 643.1
五、财产收入	50 388.7	22 932.7	540 602.9	48 901.3	6 313.1	19 498.1	9 360.1		93 283 474	119 899.3	12 868.5	136 313.9	133 533.2	133 533.2
（一）利息	25 099.4	3 955.7	50 599.0	47 897.4		8 057.4	9 301.5	20 255.6	91 312.9	99 142.9	8 912.8	1 082.8	100 225.7	100 225.7
（二）红利	18 131.2		1 628.8	1 003.9		4 224.0		1 980.9	19 760.0	11 164.6	3 955.7	12 551.1	23 715.7	23 715.7
（三）地租	5 810.8					5 869.4		58.6	5 869.4	5 869.4			5 869.4	5 869.4
（四）其他	1 347.3	102.7	2 375.1			1 347.3	2 272.4		3 722.4	3 722.4			3 722.4	3 722.4
六、初次分配总收入		137 142.3		21 909.3	98 266.4		387 473.1		644 791.1					
七、经常转移	22 113.2	1 233.2	4 665.6	4 665.6	52 827.7	76 135.6	45 534.8	49 171.6	131 117.8	131 205.9	2 525.2	2 437.1	133 643.0	133 643.0
税等经常税	17 627.4		10 642.0	7 014.8		32 362.8	7 720.6		32 362.8	32 362.8			32 362.8	32 362.8
（二）社会保险缴款					8 446.7		31 992.1	40 438.8	40 438.8	40 438.8			40 438.8	40 438.8
（三）社会统筹福利			3 627.2		33 680.6			33 680.6	33 680.6	33 680.6			33 680.6	33 680.6
（四）社会补助	253.0				10 419.2		5 822.0	10 672.2	10 672.2	10 672.2			10 672.2	10 672.2
（五）其他	4 232.8	1 233.2	4 665.6		281.3	3 333.9	4 818.6	4 818.6	13 963.3	14 051.5	2 525.2	2 437.1	16 488.6	16 488.6
八、可支配总收入		116 262.3		15 932.8		121 574.2		391 110.0		644 879.3				644 879.3
九、最终消费					85 773.0		242 540.0	242 540.0	328 313.0	328 313.0				
（一）居民消费							242 540.0	242 540.0	242 540.0	242 540.0				242 540.0
（二）政府消费					85 773.0				85 773.0	85 773.0				85 773.0

2. 生产税净额（Taxes Less Subsidies on Production）。税收是指机构单位向政府单位强制缴纳的、无回报的现金或实物。政府使用税收资金向其他单位提供货物或服务。生产税净额，是生产税扣除生产补贴后的剩余部分。生产税是指企业因从事生产活动而缴纳的税收，生产补贴是政府部门根据企业的生产活动水平或生产、销售、进口货物服务的数量或价值量给予企业的经常性无偿支付。生产税净额作为政府部门税收的主要来源，是分析初次分配格局中国民收入向政府部门倾斜程度的重要指标。生产税可以理解为政府凭借为企业提供社会资本而获得的报酬，是政府在初次分配过程中调节国民收入分配的唯一手段（刘扬，2002）。

3. 营业盈余（Operating Surplus），是指增加值扣除雇员报酬、生产税净额后的余额，也是收入形成账户的平衡项。它测度的是机构部门因开展生产所获得的盈余或赤字规模，表示各部门凭借持有资本要素而获得的收入。营业盈余又可细分为两种口径，包含固定资本消耗口径下的营业盈余为总营业盈余，剔除固定资本消耗口径下的营业盈余为净营业盈余。在 SNA 中，住户部门非法人企业的自雇者获得的混合收入，实际被归为这一类别，合称为"营业盈余和混合收入"。

4. 财产收入（Property Income），是指金融资产和自然资源所有者将资产或资源交由其他机构单位支配时所产生的收入，因此核算为投资收入与地租的总和。其中，投资收入是金融资产所有者因向另一机构单位提供资金而赢得的回报，包含利息、红利和准公司收入提取等公司已分配收入、外国直接投资的再投资收益、其他投资收入。地租是指自然资源的所有者将自然资源交由另一机构单位支配而应得的收入，包含土地地租和地下资产地租两种主要形式。财产收入反映经济中各部门凭借对金融资产和自然资源的所有权，向资产或资源使用单位获取的收入。获得财产收入的基础是对财产具有所有权并让渡其使用权。作为"按生产要素分配"的收入初次分配环节的重要内容，财产收入表明各部门凭借对生产要素的所有权而获得的收入，是对收入形成核算过程按生产要素使用权进行分配的校正。发达国家经验表明，当人均 GDP 突破一定界限（通常为 2000 美元）时，财产收入逐渐成为居民的重要收入来源，而财产与财产收入的分配不平等将加重可支配收入不平等。必须说明的是，机构部门凭借持有存款而获取的利息并非完全是其财产收入，而是财产收入扣除金融机构因管理账户而向客户征收的服务收费的余额；类似地，机构部门凭借持有贷款而支付的利息并非完全是金融机构的财产收入，而是财产收入与服务收费的总和。

5. 初始收入（Primary Income，即 PI），是指机构单位因参与生产活动或拥有生产所需资产的所有权而获得的收入。对于居民而言，初始收入是劳动者凭借提供劳动要素和资本要素而获得的雇员报酬、混合收入、营业盈余与财产收入净额总和；对于企业而言，初始收入是企业凭借提供资本要素而获得的营业盈余与财产收入净额总和；对于政府而言，初始收入是政府凭借提供社会资本而获得的营业盈余、生产税、财产收入净额总和。国内各部门的初始收入总和，即为国民总收入（Gross National Income，即 GNI）指标。基于 GNI 指标的构建过程可知，国内经济中各部门在初次分配中的收入与支出互相抵消。由此，当一国为封闭经济体时，GNI 指标与 GDP 指标完全相等；而当一国并非封闭经济体时，劳动、资本等生产要素常常跨国流动，将引致国外部门与本国各部门之间存在着要素收入与支出过程，GNI 指标与 GDP 指标不相等。具体而言，"GNI = GDP + 国外向本国支付的劳动者报酬净额 + 国外向本国支付的生产税净额 + 国外向本国支付的财产收入净额"。在经济分析中，GDI 是衡量国民收入水平的重要指标，通常用于反映初次分配的总量、收入初次分配的结构和贫富程度的国际比较，与 GDP 指标衡量生产能力存在本质的差别。

（二）收入的再分配（The Redistribution of Income）分析指标

各部门在获得初始收入之后，经由非交易性的收入再分配过程，形成可支配收入指标。

1. 经常转移（Current Transfer），是指一个机构单位向另一单位提供货物、服务，却又不向后者索取任何货物、服务作为回报的交易。具体而言，经常转移主要包含政府对收入、利润和资本收益征收的所得税，居民为了在未来获得社会福利而向政府支付的社会缴款，政府在此过程中获得的社会福利，其他经常转移等类型。为达成公平发展目标，经济中的各部门经由经常转移的收取与支付，影响可支配收入，并进一步影响货物和服务消费水平。

2. 可支配收入（Disposable Income），是指各部门初始收入（PI）附加应得的全部经常转移收入、扣除应付的全部经常转移支出而最终获得的收入。可支配收入作为收入再分配账户的平衡项，可进一步阐释为各部门在不变卖资产、不新增负债的前提下，能够用于当期消费的最大数额。国内各部门可支配收入的总和即为国民可支配收入（National Disposable Income）。在宏观经济分析中,各部门可支配收入占国民可支配收入的比重,是收入再分配格局研究的主要参照指标。

(三) 收入使用 (The Use of Income) 分析指标

各部门将所获取的可支配收入用于满足最终消费需求,或是留存下来用于配置非金融与金融资产。

1. 最终消费 (Final Consumption Expenditure),是指一般住户部门、政府部门和为住户服务的非营利机构 (NPISH) 为了满足最终需求,而将货物或服务在核算期内完全消耗掉的行为。其中,住户部门的最终消费既包括那些以无经济意义的价格出售的货物与服务,也包括那些在境外消费的货物与服务。值得强调的是,最终消费并不包含住宅等固定资产或是贵重物品,原因是住宅等固定资产能够为所有者带来租金,因而为购买固定资产所花费的支出应当是固定资本形成总额;而宝石、贵金属等贵重物品的价值不会在核算期内被消耗掉,因而此项支出也并非最终消费。非金融企业部门和金融企业部门并无最终消费,它们对货物和服务的购买与使用隶属中间消耗过程。最终消费率,即经济中不同部门的最终消费总额占可支配收入的比重,是衡量一国经济是否良性的重要指标。合理的消费率,通过带动居民与政府的消费结构升级,促进国民经济进入良性循环。

2. 储蓄 (Saving),是指储蓄中没有被用于最终消耗的部分,计算为可支配收入扣除最终消费后的余额。鉴于非金融企业部门与金融企业部门并无最终消费支出,它们的储蓄同可支配收入净额相等。政府储蓄是指政府部门的财政收入中扣除用于国防、教育、行政、社会救济等经常项目支出后的剩余部分。住户储蓄是指个人可支配收入减去消费后的余额。鉴于未被消费的可支配收入将用于配置非金融资产与金融资产,储蓄也构成了非金融投资与金融投资的主要资金来源。储蓄率,即经济中不同部门的储蓄总额占可支配收入的比重,是衡量不同部门资金积累情况的指标。

二、非金融投资 (Non-financial Assets Transaction) 分析指标

在获得储蓄的基础上,各部门开展非金融投资交易与金融投资交易,将储蓄资金用于配置非金融资产与金融资产。资产,是一种将价值从一核算期转移到另一核算期的价值贮藏手段。资产的经济所有者,可凭借持有资产而获得一

次性或连续性经济利益（Economic Benefit）。非金融资产是指经由非金融交易而积累起的资产，既包括固定资产、存货与贵重物品等生产资产（Produced Assets），也包括天然存在的有形资产和经由法律或社会程序产生的非生产资产（Non-produced Assets）。因开展非金融资产交易，资金在机构部门内部或机构部门间流动，形成生产资产与非生产资产等非金融资产。在非金融投资环节，交易项目具体为非金融资产，平衡项目是总储蓄扣除非金融资产投资规模后的余额，即"净金融投资"。在核算期内，机构单位通过交易非金融资产而获取经济资产的活动即为非金融投资，非金融投资的结果是生产资产与非生产非金融资产的获得与处置。

2014年中国资金流量表——实物交易、非金融交易部分如表4-3所示。

（一）资本转移（Capital Transfer）

与经常转移相同的是，资本转移是无回报的转移；与之不同的是，资本就转移存在多项认定条件。仅当给予转移的一方要通过处置资产、放弃债权来筹集资金，或者接受转移的一方必须获得资产，或是两个条件同时满足时，这项转移才能被界定为资本转移。当难以判断一项转移是经常转移还是资本转移时，通常将其视为经常转移。资本转移，主体是政府为鼓励特定类型生产，而向常住或非常住机构单位提供的，全部或部分作为固定资产的投资性补助（Investment Grant），以及以债权人和债务人对债务取消的其他资本转移。通过考察政府部门将资本转移投向非金融企业部门、金融企业部门还是住户部门，可知悉政府投资性补助的主要方向。

（二）资本形成总额（Gross Capital Formation）

资本形成总额是固定资本形成总额、存货变化和贵重物品的获得减处置的总和。资金流量表中的资本形成总额指标与支出法GDP中的该指标口径相同，表明核算期内新增的投资总价值。

固定资本形成总额（Gross Fixed Capital Formation），是指生产者在核算期内获得的固定资产减去处置的固定资产，加上某些与非生产资产相关的特定支出。固定资产（Fixed Assets），是指在生产过程中被反复或连续使用一年以上的生产资产，构筑物、机器和设备，培育性资产，在生产中使用的软件或艺

表4-3　2014年中国资金流量表—实物交易、非金融交易部分

（单位：亿元）

机构部门 交易项目	合计 运用	合计 来源	非金融企业部门 运用	非金融企业部门 来源	金融机构部门 运用	金融机构部门 来源	政府部门 运用	政府部门 来源	住户部门 运用	住户部门 来源	国内合计 运用	国内合计 来源	国外部门 运用	国外部门 来源
10. 总储蓄		116 262.3		15 932.8		35 801.2		148 570.0		316 566.3		-17 056.8		299 509.5
11. 资本转移	3 816.0	8 161.9			8 283.1	4 033.8	98.7		12 197.8	12 195.7	119.1	121.3	12 316.9	12 316.9
(1) 投资性补助		8 161.9			8 186.9					8 161.9			8 161.9	8 161.9
(2) 其他	3 816.0				121.3	4 033.8	98.7		4 035.9	4 033.8	119.1	121.3	4 155.0	4 155.0
12. 资本形成总额	191 859.1		673.0		33 577.3		76 607.9		302 717.4					302 717.4
(1) 固定资本形成总额	182 738.2		673.0		33 142.4		73 499.4		290 053.0				290 053.0	
(2) 存货增加	9 120.9				434.9		3 108.5		12 664.4				12 664.4	
13. 其他非金融资产获得减处置	23 924.2				-6 444.1		-17 480.2							
14. 净金融投资	-95 175.2		15 259.9		4 418.7		89 343.5		13 846.7		-1 695.7			-3 207.9

品原件等无形资产均隶属固定资产①。固定资产是最为重要的生产资产②。固定资本形成总额是反映国家经济形势的重要指标。该指标增速过快表明经济过热,国家将相应地出台紧缩性宏观经济政策;反之,增速过低表明经济过冷,国家将相应地出台扩张性宏观经济政策。

存货增加(Changes in Inventories),是指核算期内进入的存货价值减去推出的存货价值和存货中所持有货物所有经常发生的损失价值。存货增加反映了企业作为货物服务生产者,通过购买或内部交易获得货物,并将其视为资产,以及企业作为销售或内部转让处置资产的净额。

(三) 其他非金融资产获得减处置

其他非金融资产获得减处置,包含贵金属、宝石、古董等贵重物品的获得减处置(Acquisitions Less Disposals of Valuables),与自然资源、合约、租约和许可等非生产非金融资产的获得减处置(Acquisitions Less Disposals of Non – produced Non – financial Assets)。

(四) 净金融投资

净金融投资,是指总储蓄加资本转移收入扣除资本转移支出、资本形成总额,再加上其他非金融资产获得减处置后的余额,即资金流量表实物交易非金融交易部分的平衡项。净金融投资项目为正值,表明机构部门或经济总体的总储蓄与资本转移净额之和大于其非金融投资规模,机构部门或经济总体存在资金盈余;净金融投资项目为负值,表明机构部门或经济总体的总储蓄与资本转移净额之和小于其非金融投资规模,机构部门或经济总体存在资金缺口。为调节机构部门间的资金盈余与资金缺口,国内金融市场发挥着调剂资金余缺的功能;为调节经济总体间资金盈余与资金缺口,国际金融市场发挥着调剂资金余缺的功能。

---

① 2008年版SNA将1993年版SNA中的"无形固定资产"改称为"知识产权产品(Intellectual Property Products)",并细化为研究与开发(R&D)、矿藏勘探与评估、计算机软件和数据库、娱乐、文学或艺术品原件、其他知识产权产品等五类。

② 在非金融投资统计中,固定资产投资统计较存货和贵重物品而言更为重要,原因是它构成了支出法GDP核算的基础数据,反映最终需求中的固定资本投资需求总量,以及最终需求结构中固定资本需求的比重。

三、金融投资（Financial Assets Transaction）分析指标

针对各机构部门的资金盈余与资金缺口，金融市场努力发挥着调剂资金余缺的功能。首先，资金流量表（金融交易）部分反映各资金盈余部门、资金不足部门如何经由金融市场的调剂而弥补资金缺口。其次，金融投资作为国民经济核算国内部分的最后环节，反映先前所有交易的累积结果，金融投资分析能够展现机构部门核算期内金融资产负债的变化，能够解释期末金融资产负债变化。最后，在国民经济层面上，金融投资分析能够反映国内的金融交易状况，以及一国参与国际金融交易的状况。在核算期内，金融投资的结果正是对金融资产的获得与处置。

金融工具（Financial Instrument），是能够使一个机构单位形成金融资产，并使另一个机构单位形成金融负债或权益的合约，是承载相关经济利益的载体。对于融入资金的单位来说，金融工具是金融负债（Financial Liabilities）的证明，融入资金单位是金融工具的债务人，承担着向债权人支付经济利益的义务；对于融出资金的单位来说，金融工具是金融资产（Financial Assets）的证明，融出资金的单位是金融资产的债权人，获得了对债务人未来支付经济利益的要求权。因此，金融资产与金融负债具有对称性，且遵循着相同的分类方式（货币黄金除外）。依据资产的可转让性以及债权人债务人关系特征，金融资产可分为货币黄金和特别提款权、通货和存款、债务性证券、贷款、股权和投资基金份额、保险、养老金和标准化担保计划、金融衍生工具和雇员股票期权、股权和投资基金份额、其他应收/应付款。

2014 年中国资金流量表——金融交易部分如表 4-4 所示。

（一）净金融投资

净金融投资（Net Financial Investment），是指机构单位在核算期内获得的金融资产与发生的金融负债不相等的情形下，所获得的金融资产减去发生的金融负债所得的结果，是最重要的金融投资分析指标，也是金融交易分析的起点，表现为净贷出（+）、净借入（-）两种形态。对同一机构部门而言，理论上，金融投资分析中的净金融投资指标与非金融投资中的净金融投资指标完全相等。这是因为，当非金融投资出现资金盈余时，机构部门持有现金，或将资金存入银行，抑或购买债券、金融衍生品等金融资产，以及偿还先前债务，

表 4—4 　　　　　2014 年中国资金流量表——金融交易部分

（单位：亿元）

机构部门 交易项目	非金融企业部门 运用	非金融企业部门 来源	金融机构部门 运用	金融机构部门 来源	政府部门 运用	政府部门 来源	住户部门 运用	住户部门 来源	国内合计 运用	国内合计 来源	国外部门 运用	国外部门 来源	合计 运用	合计 来源
净金融投资	-64 014		8 918		20 393		50 328		15 624		-15 624	-17 056.8	0	
资金运用合计	78 893		316 636		39 895		88 407		523 831		15 592	121.3	539 423	
资金来源合计		142 908		307 717		19 502		38 079		508 207		121.3		539 423
通货	152		269	1 688	34		1 132		1 587	1 688	101		1 688	1 688
存款	42 993		13 828	130 364	31 870		44 788		133 478	130 364	2 220		135 698	135 698
活期存款	-255			12 364	7 668		4 952		12 364	12 364			12 364	12 364
定期存款	19 994			74 886	15 523		39 369		74 886	74 886			74 886	74 886
财政存款				5 531		5 531			5 531	5 531			5 531	5 531
外汇存款	8 894		1 443	6 608	17		309		10 663	6 608	1 279		11 942	11 942
其他存款	14 359		12 385	30 975	3 131		159		30 034	30 975	941		30 975	30 975
证券公司客户保证金	3 267		1 115	8 169	1 603		2 045		8 029	8 169	140		8 169	8 169
贷款	101 873		139 435						139 435		2 777		142 212	142 212
短期贷款与票据融资	23 544		38 520				14 976		38 520				38 520	38 520
中长期贷款	38 308		60 644				22 236		60 644				60 644	60 644
外汇贷款	4 063		3 548		-43		2		3 548		2 777		6 326	6 326
委托贷款	25 070	25 070	25 070						4 022	25 070			25 070	25 070
其他贷款	10 877		11 654				766		11 654				11 654	11 654
未贴现的银行承兑汇票	-1 198	-1 198	-1 198						-2 396				-2 396	-2 396
保险准备金	986		7 488				6 760	13 262	14 248				14 248	14 248

第四章 资金流量数据分析

续表

机构部门	非金融企业部门		金融机构部门		政府部门		住户部门		国内合计		国外部门		合计	
交易项目	运用	来源	运用	来源	运用	来源	运用	来源	运用	来源	运用	来源	运用	来源
金融机构往来			38 876	28 153					38 876	28 153	-4 688		34 188	34 188
准备金			21 112	20 834					21 112	20 834	-279		20 834	20 834
证券	384	33 300	53 772	19 177	4 174	11 804	2 720		61 050	64 281	3 316		64 366	64 366
债券	-3 054	24 329	52 842	17 931	3 002	11 804	1 224		54 015	54 064	49		54 064	54 064
国债	-431		11 732		-6	11 804	509		11 804	11 804			11 804	11 804
金融债券	-2 490		19 034	19 171	2 627				19 171	19 171			19 171	19 171
中央银行债券			-1 240	-1 240					-1 240	-1 240			-1 240	-1 240
企业债券	-133	24 329	23 317		381				24 280	24 329	49		24 329	24 329
股票	3 438	8 971	929	1 246	1 172		1 496		7 035	10 217	3 267		10 303	10 303
证券投资基金份额	6 129		2 093	15 328	3 007		3 837		15 066	15 328	262		15 328	15 328
库存现金			742	482					742	482			742	742
中央银行贷款		12	15 665	15 654					15 665	15 665			15 665	15 665
其他(净)	16 513		23 395	59 777	-793		20 624		59 740	59 777	37		59 777	59 777
直接投资	4 903	17 626		1 802					4 903	17 626	17 626		22 529	22 529
其他对外债权债务	4 765	-160	350			981			5 115	2 623	2 623		7 738	7 738
国际储备资产			7 181						7 181				7 181	7 181
国际收支错误与遗漏		-8 544								-8 544	-8 544		-8 544	-8 544

结果是新增了金融资产或是减少了金融债务，形成净贷出；当非金融投资出现资金短缺时，机构部门通过发起贷款、发行债券或是变卖先前资产的形式借入现金，形成净借入。因此，前者是对后者资金调剂方式的阐释，而后者是前者分析的起点。对净贷出部门的金融投资分析，主要是考察该部门如何通过获得金融资产或减少金融负债而配置其盈余；对净借入部门的金融投资分析，主要是考察该部门如何通过发生金融负债或减少金融资产而获得其必要的金融资源。

（二）货币黄金和特别提款权

货币黄金和特别提款权（Monetary Gold and SDRs），是通常仅能由货币当局持有的资产。货币黄金是由货币当局所拥有，并作为储备资产而持有的黄金。货币黄金的交易体现为货币当局之间的黄金销售和购买，货币当局将对货币黄金的购买记录为金融账户中国内资产的增加和国外资产的减少，将对货币黄金的售卖记录为国内资产的减少和国外资产的增加。SDR 是由 IMF 创立并分配给货源以补充现有储备的国际储备资产。持有 SDR 的中央银行与某些特定金融机构，能够从 IMF 其他会员国那里获得外汇等储备资产。因此，SDR 也对应着负债，但债务人不是 IMF，而是 IMF 全体会员国和某些金融机构。除货币黄金和 SDR 以外，其余的金融资产均对应着金融负债的相同分类。

（三）通货和存款

通货和存款（Currency and Deposits），是流动性最强的金融工具。通货是指由中央银行或中央政府发行或授权的，具有固定面值的纸币和硬币。对于发行机构而言，通货是其负债；对于通货持有机构而言，通货是其资产。存款是金融机构接受客户存入的货币，存款人可随时或按约定时间支取款项，可转让存款、银行间头寸、其他可转让存款、其他存款均属存款。可转让存款包含支票、汇票、直接转账单等直接进行支付的存款；银行间头寸是指银行子部门之间的借出和贷入；其他可转让存款特指交易的一方或双方非银行的存款；其他存款是指储蓄存款等以存款证明所代表的存款。存款是其持有者的资产，是存款金融机构的负债。

（四）债务性证券

债务性证券（Debt Securities），是作为债务证明的可转让工具，包括票据、债券、可转让存款证、商业票据、债权证、资产支持证券等。债务性证券赋予了持有者在约定时间获取约定数额收入的权利。其中，票据赋予了持有者在约定日期收取预先声明金额的权利，债券和债权证赋予了持有者收取固定付款或合约规定的可变付款的权利，资产支持证券和抵押债务的利息和本金支付需要以特定资产支付或收入流作为支撑，银行承兑汇票是金融公司在约定日期支付约定数额的无条件承诺。债务性证券是其持有者的资产，是其发行人的负债。

（五）贷款

贷款（Loans），是指金融机构将资金以一定利息贷给资金需求者的金融工具，包括直接将资金借给债务人，以及以不可转让单据作为凭证借给债务人两种形式。因此，贷款是金融机构的资产，是其持有者的负债。具体而言，透支、分期付款、分期付款购物信用、商业信用融资均是贷款，证券回购协议、黄金互换、融资租赁也隶属贷款。除此以外，贷款还可以分为原始到期日在一年或一年以内的短期贷款，以及原始到期日在一年以上的长期贷款。贷款是其金融机构的资产，是借款者的债务。

（六）股权和投资基金份额

股权和投资基金份额（Equity and Investment Fund Shares），这两种金融工具的共同特征在于，持有者能够对发行单位的资产有剩余索取权，即对利润具有索取权。股权是指其持有者在机构单位中持有的资金，持有者能够在公司对全部债权予以清偿后对剩余价值有权索取。投资基金是将投资者的资金集中起来投资于金融或非金融资产的计提投资。股权是股东的资产，公司的负债。投资基金份额是其持有者的资产，是其发行单位的负债。

（七）金融衍生工具

金融衍生工具（Financial Derivatives），是指与某种金融工具、特定指标或特定商品挂钩的金融工具。金融衍生工具的出现使得特定金融风险自身能够在金融市场上交易。金融衍生工具的价值同商品、金融资产、利率、汇率、其他衍生工具等标的项目的价格相关。金融衍生工具的交易并非是通过交易原始的资产或是商品，而是通过使一方的特定金融风险卖给更愿意或更适合承担这些风险的其他实体来实现。金融衍生工具可分为期权合约和远期合约两大类，两者的主要区别在于，远期合约的交易双方都是潜在的债务人，但期权明确地规定买方获得资产、卖方发生负债。

（八）雇员股票期权

雇员股票期权（Employee Stock Options），是指雇主与雇员在授权日签订的一种协议，使雇员能够在未来约定时间内以约定价格购买约定数量的雇员股票。雇员股票期权的交易按股票期权价值、作为雇员报酬计入金融账户。

（九）其他应收/应付款

其他应收/应付款（Other Accounts Receivable or Payable），是指提供给公司、政府、为住户服务的非营利机构、住户和国外的货物服务商业信用、在建或拟建工程提供的预付款，以及与税收、红利、证券买卖、租金、工资薪金、社会保障缴款相关的应收/应付款，但不包括商业信贷。

第三节 资金流量分析的应用示例

资金流量核算为研究资金的来龙去脉提供了一系列分析指标。资金流量分析正是使用上述指标分析经济中不同类型的资金交易。资金流量表（实物交易部分）分别从初次分配与再分配两个层面提供了国民收入在企业部门、政府部门和住户部门之间的分配情况，以及经济中的固定资产形成状况，能够用于分析收入分配结构、消费行为与储蓄行为、资金余缺、固定资产形成率。资金流量表（金融交易部分），提供了资金经金融交易在机构部门进行调剂的情况，能够用于分析国民经济与各机构部门的净投资地位与融资方式、金融中介机构作用，并能对"货币超发"现象提供解释。

一、收入分配分析：储蓄—消费分析

自改革开放以来，我国国民总储蓄率始终呈明显上升趋势，自 2008 年起维持在 50% 左右，远高于世界主要发达经济体。高企的储蓄率在为经济增长

提供充足资金储备的同时,也产生了一系列问题。例如,高储蓄率致使消费率过低并致使企业生产受到抑制,致使经济增长中投资拉动比重较大,引致巨额贸易顺差,等等。为解决高储蓄率带来的难题,须厘清高企的储蓄率从何而来,由哪些部门的行为引致。

【例题】2002—2014 年,我国国内储蓄率变化趋势如何?部门储蓄率、可支配收入变化如何引致储蓄率变化?

【解答】国民储蓄率 = 国内总储蓄/国内可支配总收入

各部门储蓄率 = 各部门储蓄/各部门可支配收入

各部门储蓄率(调整)= 各部门储蓄/国内可支配总收入

各部门可支配收入占比 = 各部门可支配收入/国内可支配总收入

如表 4-5 和图 4-2 所示,我国国民储蓄率在 2002—2014 年间总体呈上升趋势。2007 年国民储蓄率首度超过消费率,高达 50.89%,此后维持在 50% 左右。高企的储蓄率反映了我国消费乏力、投资渠道匮乏、结构调整任务艰巨。对不同部门的储蓄率进行分析,政府储蓄率由 2002 年的 3.82% 提升至 2014 年的 29.45%,居民消费率由 2002 年的 31.47% 提升至 2014 年的 37.99%。这表明,居民的平均消费倾向高于政府,但两部门差距逐步缩小;国民储蓄率提高,是政府与居民储蓄率共同提升的结果;鉴于居民可支配收入较政府明显偏高,降低储蓄率应着重降低居民储蓄率。

就可支配收入占比进行分析,政府部门可支配收入占比总体趋于上升,而居民可支配收入总体趋于下降,表明收入分配向政府倾斜的程度提高,向居民倾斜的程度降低,政府和企业更多地享受了经济增长带来的好处。政府平均储蓄倾向的总体提高趋势与政府可支配收入占比增多趋势,共同推动政府储蓄率提升;而居民平均储蓄倾向的总体提高趋势与居民可支配收入占比下降趋势,共同推动居民储蓄率先提升后下降。

表 4-5　国民储蓄率及部门储蓄率(2002—2014 年)　　(单位:%)

指标	国民储蓄率	政府储蓄率	政府储蓄率(调整)	政府可支配收入占比	居民储蓄率	居民储蓄率(调整)	居民可支配收入占比
2002 年	40.24	3.82	0.62	16.23	31.47	20.28	64.43
2003 年	43.05	8.71	1.40	16.09	33.94	21.71	63.97
2004 年	45.74	15.78	2.59	16.43	33.79	20.63	61.05
2005 年	46.46	18.96	3.33	17.55	35.38	21.53	60.84

续表

指标	国民储蓄率	政府储蓄率	政府储蓄率（调整）	政府可支配收入占比	居民储蓄率	居民储蓄率（调整）	居民可支配收入占比
2006年	48.15	23.15	4.22	18.21	37.17	22.39	60.25
2007年	50.89	29.87	5.68	19.01	39.24	23.11	58.89
2008年	51.91	31.04	5.89	18.98	39.94	23.28	58.28
2009年	50.57	27.02	4.94	18.28	40.38	24.44	60.53
2010年	51.77	28.01	5.16	18.41	42.10	25.43	60.40
2011年	50.63	29.99	5.75	19.19	40.88	24.85	60.78
2012年	49.46	29.51	5.77	19.54	40.70	25.23	61.99
2013年	48.34	26.39	5.00	18.94	38.46	23.57	61.29
2014年	49.09	29.45	5.55	18.85	37.99	23.04	60.65

资料来源：国家统计局网站。2011年，国家统计局对资金流量表（实物交易部分）做出重大数据调整。本书使用调整后数据，与使用各年份资金流量表数据的测算结果存在差异，但这并不影响储蓄率的整体发展趋势。

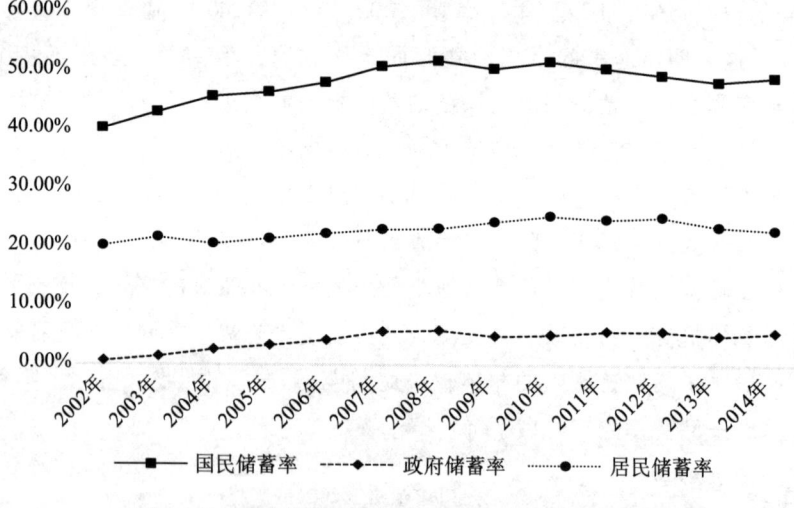

图4-2　国民储蓄率及部门储蓄率（2002—2014年）

二、资金余缺分析

储蓄和其他单位的资本转移净额构成非金融投资的主要资金来源，而资金来源未必与非金融投资规模相等，机构部门与经济总体面临资金缺口。鉴于储蓄是非金融投资的主要资金来源，资本形成是非金融投资的主要资金使用项目，经济管理实践中通常以两者差额"储蓄投资差"的正负来考察机构部门或经济总体的资金余缺情况。如果国内净金融投资为负值，那么国内资金不足，国外资金存在净流入；如果国内净金融投资为正值，那么国内资金盈余，盈余资金向国外流出。

【例题】基于资金流量表（实物交易部分），考察我国各机构部门与经济总体在2002—2014年间的资金余缺状况。

【解答】各部门的储蓄投资差 = 总储蓄 – 资本形成总额

$$经济总体的储蓄投资差 = \sum 各部门的储蓄投资差$$

如表4-6和图4-3所示，国内部门的储蓄投资差始终为正值，并基本呈持续增长状态，表明我国经济总体在2002—2014年间长期处于资金有余的状况，盈余资金经国际金融市场向国外流出。然而，各机构部门的资金余缺状况存在差异。作为新增固定资产的主要部门，非金融企业部门长期面临资金缺口，且该资金缺口呈逐年增大趋势，须经由金融市场进行融资；金融企业部门和住户部门均为资金盈余部门，而住户部门是最大的资金盈余部门；政府部门在2002—2010年间（除2007年、2008年以外）几乎都是资金不足部门，而在2011—2014年间为资金盈余部门。

三、国民经济的金融投资分析

国民经济的金融投资分析，可基于资金流量表（金融交易部分）的净金融投资指标，考察国民经济以及各机构部门的净贷出（+）或净借入（-）地位。在此以外，资金流量表（金融交易部分）的资金来源与资金使用，还提供了国民经济与各机构部门的融资方式。

【例题】试基于资金流量表（金融交易部分），分析我国2002—2014年间国民经济金融投资状况。

【解答】如表4-7和图4-4所示，国内净金融投资指标在2002—2014年始终为正值，在2002—2008年期间增长趋势明显，2008年净金融投资31 296亿元较2002年净金融投资2 928.44亿元增长了9.69倍，2008—2014年维持在15 000亿元左右，表明我国长期处于资金净贷出地位。就各机构部门来看，非金融企业部门的净金融投资指标长期为负值，且净借入规模在2002—2014年间明显增大，由2002年的10 449.74亿元增长到2014年的64 014亿元，表

表4-6　各机构部门和经济总体的储蓄投资差（2002—2014年） （单位：亿元）

指标	非金融企业部门			金融企业部门			政府部门			住户部门			国内部门		
	总储蓄	资本形成总额	储蓄投资差	总储蓄	资本形成总额	储蓄投资差	总储蓄	资本形成总额	储蓄投资差	总储蓄	资本形成总额	储蓄投资差	总储蓄	资本形成总额	储蓄投资差
2002年	21 314	30 661	-9 347	1 928	183	1 744	746	4 017	-3 271	24 367	10 704	13 663	48 354	43 632	4 722
2003年	24 339	36 367	-12 028	2 867	66	2 801	1 911	6 266	-4 354	29 619	13 264	16 354	58 736	53 491	5 245
2004年	33 247	44 090	-10 844	3 076	69	3 007	4 183	7 568	-3 385	33 290	17 441	15 849	73 796	65 118	8 678
2005年	36 988	47 515	-10 527	3 101	76	3 024	6 175	8 386	-2 211	39 951	21 880	18 071	86 215	74 233	11 982
2006年	42 687	62 000	-19 313	4 303	87	4 216	9 196	10 231	-1 035	48 851	20 635	28 215	105 038	87 954	17 084
2007年	54 208	76 259	-22 051	5 285	108	5 176	15 292	11 571	3 720	62 226	23 005	39 221	137 010	103 949	33 062
2008年	65 451	95 648	-30 197	7 106	181	6 926	18 792	15 065	3 727	74 256	27 432	46 824	165 605	128 084	37 521
2009年	64 171	110 710	-46 539	8 406	228	8 177	16 913	19 574	-2 661	83 718	33 950	49 767	173 208	156 680	16 528
2010年	72 069	129 794	-57 725	13 207	296	12 910	20 760	22 900	-2 140	102 363	40 613	61 750	208 399	183 615	24 784
2011年	78 990	147 080	-68 090	15 179	400	14 779	27 048	23 868	3 180	116 816	56 995	59 821	238 034	215 682	22 352
2012年	78 876	163 348	-84 472	16 855	531	16 325	29 892	26 122	3 770	130 815	62 772	68 043	256 438	241 757	14 681
2013年	100 204	172 643	-72 439	14 963	636	14 327	29 130	28 263	867	137 351	72 634	64 716	281 649	263 028	18 621
2014年	116 262	191 859	-75 597	15 933	673	15 260	35 801	33 577	2 224	148 570	76 608	71 962	316 566	290 053	26 513
平均	60 677	100 613	-39 936	8 631	272	8 359	16 603	16 724	-121	79 399	36 764	42 635	165 311	146 713	18 598

资料来源：国家统计局网站。2011年，国家统计局对资金流量表（实物交易部分）做出重大数据调整。本书使用调整后数据，与使用各年份资金流量表数据的测算结果存在差异，但这并不影响储蓄率的整体发展趋势。

第四章 资金流量数据分析

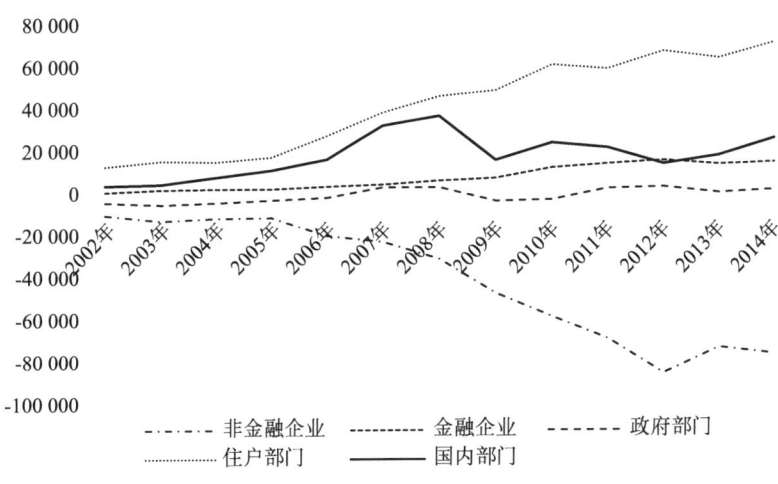

图4-3 各机构部门和经济总体的储蓄投资差（2002—2014年）

明非金融企业部门是最大的资金净借入部门；住户部门的净金融投资指标长期为正值，投资规模由2002年的14 646.54亿元波动上升至2014年的50 328亿元，是最大的资金净贷出部门，其盈余资金经由金融市场向其他机构单位提供；金融企业部门的净金融投资指标正负交替，表明该部门在资金净贷出部门与资金净借入部门角色之间转换，金融危机年间（2007—2009年），金融机构部门作为资金净贷出部门向其他机构部门提供资金，而在2010—2013年间作为资金净借入部门由其他机构部门获取资金；政府部门除少数年份（2002—2004年、2007年）以外，始终为资金的净贷出部门。

表4-7　　　　国民经济各机构部门净金融投资（2002—2014年）　　　（单位：亿元）

指标	国内净金融投资	非金融企业部门净金融投资	金融机构部门净金融投资	政府部门净金融投资	住户部门净金融投资
2002年	2 928.44	-10 449.74	483.70	-1 752.00	14 646.54
2003年	3 726.10	-14 530.65	2 672.01	-540.47	16 122.39
2004年	5 682.15	-9 080.74	1 742.22	-2 429.69	15 450.36
2005年	13 503.90	-14 716.43	-1 462.52	3 310.67	26 372.17
2006年	20 300.00	-9 637.00	-2 454.00	4 687.00	27 706.00
2007年	25 575.00	-11 453.00	20 450.00	-6 540.00	23 119.00
2008年	31 296.00	-27 546.00	8 490.00	61.00	50 290.00
2009年	20 911.00	-25 326.00	2 066.00	8 264.00	35 907.00
2010年	25 772.93	-15 122.55	-2 438.55	5 619.04	37 715.06

续表

指标	国内净金融投资	非金融企业部门净金融投资	金融机构部门净金融投资	政府部门净金融投资	住户部门净金融投资
2011年	13 234.00	-44 271.00	-1 318.00	10 178.00	48 644.00
2012年	12 408.00	-44 272.00	-18 554.00	5 899.00	69 335.00
2013年	11 463.14	-37 420.96	-15 838.23	15 809.24	48 913.09
2014年	15 624.00	-64 014.00	8 918.00	20 393.00	50 328.00

资料来源：国家统计局网站。2011年，国家统计局对资金流量表（实物交易部分）做出重大数据调整。本书使用调整后数据，与使用各年份资金流量表数据的测算结果存在差异，但这并不影响储蓄率的整体发展趋势。

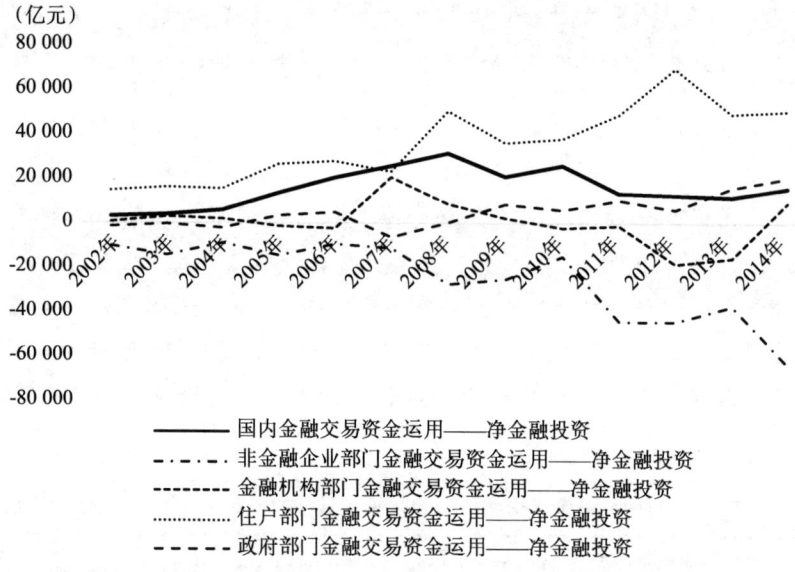

图4-4　各机构部门和经济总体的净金融投资（2002—2014年）

四、金融中介作用与金融脱媒

金融脱媒是指，资金的筹集与运用绕过了金融中介机构，而直接经由资本市场、货币市场在供给者与需求者之间配置的现象，是由金融市场对金融中介的替代与竞争作用而形成的。如果从银行经营视角来看，金融脱媒的形成原因往往可归为以下几种：一是金融政策法规对银行经营的限制；二是金融业信息技术发展而衍生出新渠道、新工具、新产品与新对手；三是非金融企业投融资渠道拓宽而形成多种融资平台；四是居民理财观念日趋成熟①。基于资金流量表（金融交易部分），可考察金融脱媒现象的发展状况与趋势。相关指标的数值越大，表明非金融部门对金融中介的依赖程度越高，金融脱媒程度越低；反之，金融脱媒程度则越高。

【例题】从资金流量的金融交易出发，分析我国2002—2014年间的"金融脱媒"现象：计算企业、住户、政府的资金来源中，贷款和其他资金来源比例的变化；计算家庭财富结构中，存款与非存款资产比例的变化。

【解答】

(1) 如果将融资总额定义为当年新增贷款、债券、股票、未贴现的银行承兑汇票、直接投资、保险准备金之和（扣除对外债权债务），那么扣除对外债权债务的企业、住户和政府在境内的融资总额如表4-8第（c）列所示，企业、政府、住户贷款总额占融资总额比重如第（e）列所示。

表4-8　　　　　　企业、政府、住户贷款总额占融资总额比重

指标	企业、政府、住户的融资总额（亿元）	国内对外债权债务（亿元）	扣除对外债权债务的企业、政府、住户融资总额（亿元）	企业、政府、住户的贷款总额（亿元）	企业、政府、住户贷款总额占融资总额的比重
	(a)	(b)	(c)	(d)	(e)
2002年	30 517	243	30 274	19 627	64.83%
2003年	42 604	520	42 084	28 857	68.57%
2004年	38 363	1 684	36 679	23 629	64.42%
2005年	37 868	2 080	35 788	22 949	64.12%
2006年	48 652	1 047	47 605	33 173	69.68%
2007年	79 414	2 054	77 360	38 451	49.70%
2008年	70 769	-1 322	72 091	49 776	69.05%
2009年	136 633	2 216	134 417	103 986	77.36%
2010年	162 454	3 354	159 100	95 006	59.71%
2011年	146 742	2 712	144 030	94 150	65.37%
2012年	183 285	1 702	181 583	119 315	65.71%
2013年	210 565	3 410	207 155	145 637	70.30%
2014年	200 489	821	199 668	139 909	70.07%

资料来源：国家统计局网站。2011年，国家统计局对资金流量表（实物交易部分）做出重大数据调整。本书使用调整后数据，与使用各年份资金流量表数据的测算结果存在差异，但这并不影响储蓄率的整体发展趋势。

---

① 涂晓兵.金融脱媒下我国商业银行的现状分析与路径选择[D].武汉大学，2012年。

如图 4-5 所示，企业、政府、住户贷款总额由 2002 年的 19 627 亿元上升至 2014 年的 139 909 亿元，增长了 6.13 倍。贷款融资比率在 2007 年迅速下降，表明企业、政府、住户部门对金融中介部门贷款的依赖程度迅速降低，呈现较为明显的"金融脱媒"现象。自 2008 年以来，贷款融资比率逐渐回升，并稳定在 65% 以上，表明企业、政府、住户部门对金融中介部门贷款的依赖程度逐渐回升，"金融脱媒"现象逐渐校正。总体而言，贷款始终是我国企业、政府、住户的主要融资方式，而 2008—2014 年的贷款融资比率较 2002—2007 年间提升，表明贷款在融资渠道中的作用呈上升趋势。

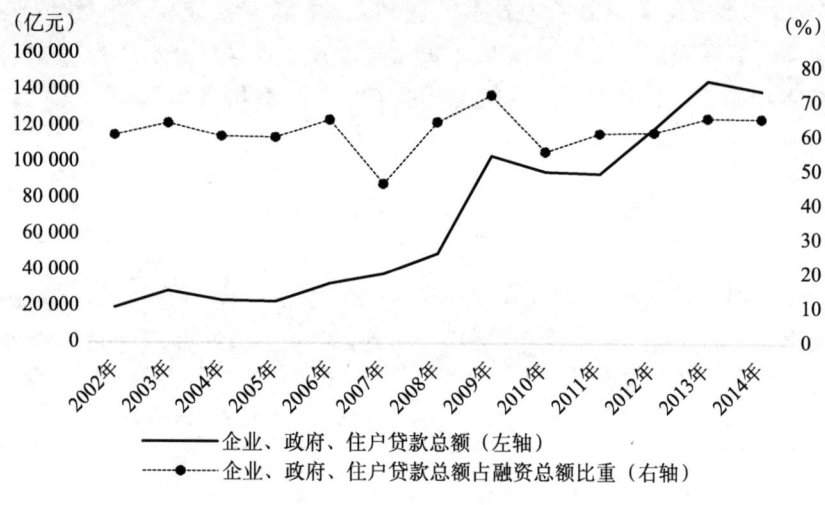

图 4-5 企业、政府、住户贷款总额占融资总额比重

（2）住户部门的资金使用总额、住户部门存款总额分别如表 4-9 第（a）列、第（b）列所示，住户部门存款总额占住户部门资金使用总额比重如第（c）列所示。

表 4-9　　　　　住户存款占住户部门资金使用总额比重

指标	住户部门资金使用总额（亿元）(a)	住户部门存款总额（亿元）(b)	住户存款总额占住户部门资金使用总额比重 (c)
2002 年	19 721	14 252	72.27%
2003 年	23 110	16 560	71.66%
2004 年	21 253	15 678	73.77%
2005 年	29 913	21 053	70.38%

续表

指标	住户部门资金使用总额（亿元）（a）	住户部门存款总额（亿元）（b）	住户存款总额占住户部门资金使用总额比重（c）
2006 年	34 370	21 284	61.93%
2007 年	35 098	10 407	29.65%
2008 年	57 302	46 543	81.22%
2009 年	60 796	43 160	70.99%
2010 年	68 263	44 492	65.18%
2011 年	74 140	47 690	64.32%
2012 年	97 059	58 929	60.71%
2013 年	90 763	55 888	61.58%
2014 年	88 407	44 788	50.66%

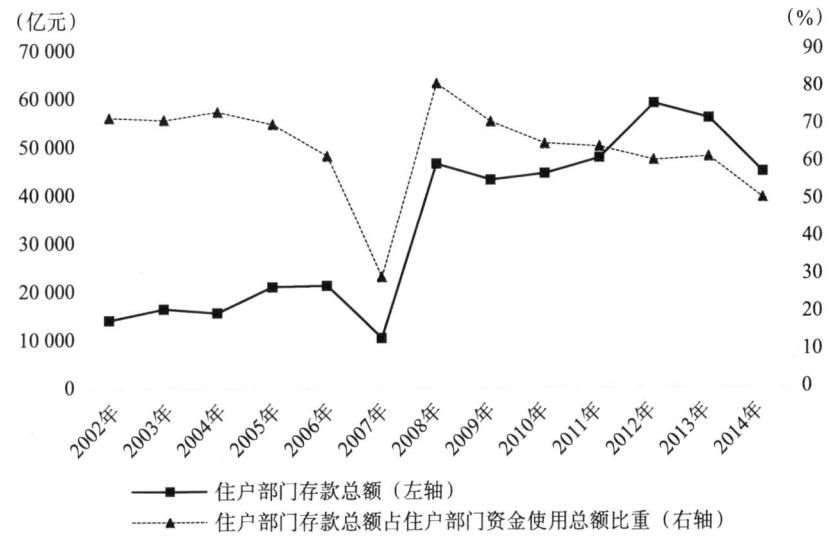

图 4-6 住户存款总额占住户部门资金使用总额比重

如图 4-6 所示，住户部门用作存款的资金规模，在 2002—2007 年间平均为 16 539 亿元，存款资金使用比重在此期间不断下降，由 2002 年的 72.27% 下降至 2007 年的 29.65%，达到最低点，意味着住户部门对金融中介部门存款的依赖程度逐渐降低，"金融脱媒"现象明显。2008 年，住户部门存款资金使用显著增加至 46 543 亿元，存款资金使用比重高达 81.22%，表明"金融脱媒"得到一定程度的校正。2009—2014 年，虽然存款资金使用规模基本呈上升趋势，但是存款资金使用比重却呈现明显的下降趋势，表明"金融脱媒"现象日趋明显。

五、货币超发的多种效应分解

"货币超发"是指货币供应量的增长速度超过了经济正常运行所需的货币量增速。如图4-7所示，我国1996年的GDP为71 814亿元，广义货币供应量 M_2 为76 095亿元，M_2/GDP 为1.06。此后，该比值经历了较为明显的上升过程，到2014年，我国的GDP为643 974亿元，广义货币供应量 M_2 为1 228 375亿元，M_2/GDP 高达1.91，广义货币供应量增速明显超过GDP增速。与其他国家相比，我国该比例明显偏高。这一现象受到学者与政府部门的关注。经济的货币化程度提高、货币流通速度下降、资本市场发展滞后等都曾被视为导致中国该指标异常的重要原因。对此，欧洲中央银行（ECB）自资金流量表出发，将 M_2/GDP 指标增长率分解为"信贷效应"和"资产组合变更效应"，二者对价格稳定性的影响不同。这项分解为"货币超发"分析提供了新的视角。

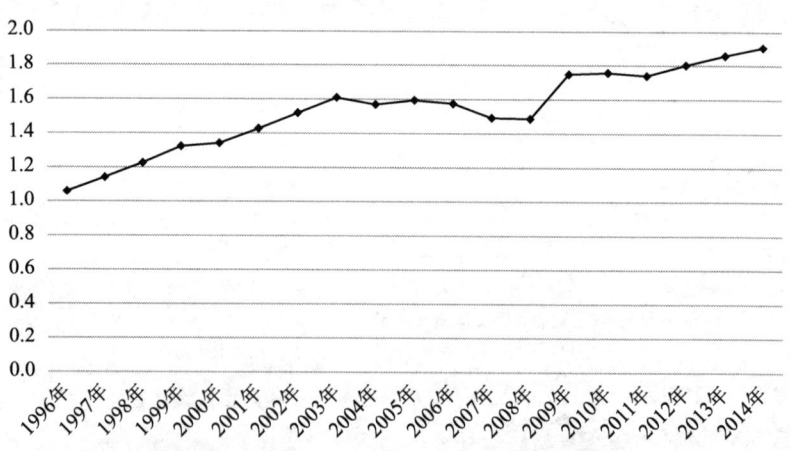

图4-7 1996—2014年间的货币与经济增速比较

货币分析：从货币持有部门资产方进行的分析。货币，是一项金融资产，因而位于金融账户之中。1993年版SNA就曾提倡过，将货币统计和金融账户统计结合起来。

对于各持有部门而言，货币是其金融资产。鉴于货币持有部门的金融资产主要来源于银行信贷的增长，货币供应量的增长可归因为信贷增长的效应（即"信贷效应"），以及货币金融资产与非货币金融资产的比例变化（即"资产组合变更效应"）。如果将货币表示为 M，将非金融中介机构的总体金融资产表示为 FA，那么有 $M \equiv \left(\dfrac{M}{FA}\right) \cdot FA$，如果将 $\left(\dfrac{FA}{GDP}\right)$ 的增长率表示为"信贷效应"，将 $\left(\dfrac{M}{FA}\right)$ 的增长率表示为"资产组合变更效应"，那么有：

$$\left(\dfrac{M}{GDP}\right)' = \left(\dfrac{M}{FA}\right)' + \left(\dfrac{FA}{GDP}\right)'$$

【例题】使用 ECB 的货币分析方法，分析我国 M_2/GDP 增长的"信贷效应"与"资产组合变更效应"。

【解答】如图 4-8 所示，1997—2001 年，正向的资产组合变更效应抵消了信贷效应下降，综合而言引致货币供应量增长；2002—2003 年，正向的信贷效应抵消了以资产组合变更效应的下降，引致货币供应量增长；2004—2005 年，信贷效应下降引致货币供应量增长趋缓；2006—2008 年，负向的资产组合变更效应使货币供应量趋于下降；2009—2014 年，较强的资产组合变更效应使货币供应量重回上升趋势。

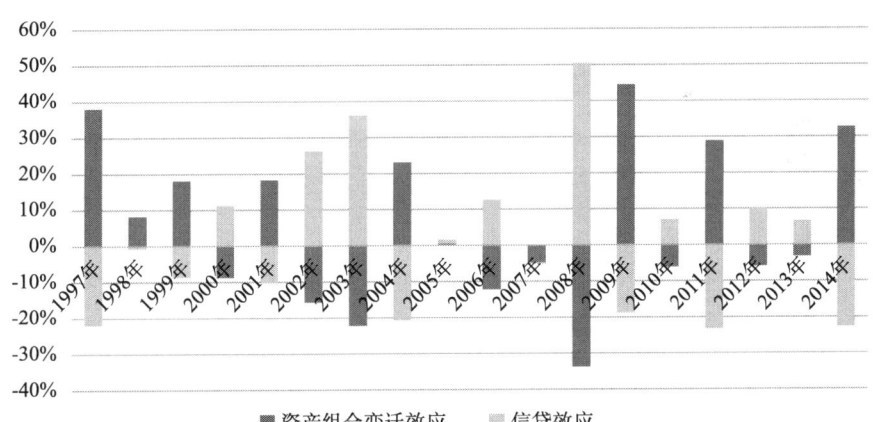

图 4-8　1996—2014 年间的 M_2/GDP 增长分解

第五章
资产负债数据分析

　　对于特定经济体而言，除了要核算经济体系的货物与服务生产能力以外，也要通过考察资产与负债来研究经济增长的可持续性与生产力，原因是那些未能在本期消耗的价值转化为资产来贮藏，并在未来一定时期通过持有或使用资产来获得经济利益。因此，在核算经济体的货物与服务生产规模、收入分配与资金流动状况以外，国民经济核算还通过考察经济体的资产存量与负债存量来呈现其实际能够支配的非金融资源与金融资源。如果进一步比较不同年份的资产存量与负债存量，那么还能够获知经济增长的积累效应。

　　资产负债表不仅可以在国家层面上编制，还可以在机构部门层面、机构单位层面上编制。从国家层面上看，资产负债表描述一国国内所有经济部门的资产总和与负债总和；从机构部门层面上看，资产负债表描述的是该机构部门中各机构单位的资产总和与负债总和；从机构单位层面上看，资产负债表描述的是该机构单位自身的资产构成与负债构成。基于考察部门资产负债结构、部门资产负债变动趋势、部门与其他部门资产负债关联，还可获知国家的经济运行特点与体制机制特征。

　　资产负债核算共分为三个步骤：首先，核算经济体在核算期初的资产价值、负债价值与资产净值；其次，核算经济体在核算期内的资产价值变化、负债价值变化与资产净值变化；最后，结合期初价值与核算期内价值变化，核算经济体在核算期末的资产价值、负债价值与资产净值。引起经济总体资产价值、负债价值与资产净值变动原因包含三类，分别记录在三个积累账户之中。第一类原因是非金融资产的交易与金融资产负债的交易，分别在资本账户与金融账户中记录；第二类原因是核算期内资产与负债的持有损益，在重估价账户中记录；第三类原因是外生因素，包括资产的经济出现与经济消失、自然灾害等外部事件对资产价值的影响，机构单位变化和资产分类变化以及机构单位结构变化对资产价值的影响在资产物量的其他变化账户中记录。在资产负债核算的基础上,可开展资产负债分析。一方面,可通过考察资产规模、负债规模及其内部结构来获知经济体未来的经济利益流入或流出;另一方面,可考察经济体的财富(Wealth),即非金融资产存量与金融资产净存量之和,来获知实际可支配的资源总量。除此以外,资产负债表还可以针对特定问题开展专题分析。例如,中央银行资产负债表可用于分析金融风险,银行与其他金融机构的资产负债表能够被用于准备金率监控,等等。本章考察资产负债核算的基本原理,阐述资产负债分析相关指标的核算范围与方法,并以中国资产负债表为例分析我国的国民经济资产负债情况。

第一节 资产负债核算原理

一、资产负债核算的一般问题

(一)资产负债核算范围

从历史发展进程来看,人们对经济存量的核算远远早于对经济流量的核算。早在 17 世纪初至 19 世纪末,西方多国已针对国民财富开展估算。20 世纪 20 年代,美国已将国民资产负债用于国民财富核算(National Wealth Estimation)。彼时,官方国民收入与产品账户(National Income and Product Accounts, NIPA)甚至还未成为常规测度指标。1936 年,迪金森(F. Dickinson)和伊金(A. F. Eakin)在《国民经济资产负债表》一书中首次提出将企业资产负债表运用至国民经济资产负债核算的构想。20 世纪 60 年代,资产负债核算正式作为一种成熟的宏观经济核算方法出现。1956 年,戈德史密斯(Raymond W. Goldsmith)和利普西(Robert E. Lipsey)在《美国储蓄研究》一文中实际估算了美国资产负债表;1966 年,雷维尔(J. Revell)编制了英国的国家资产负债表。进入 21 世纪以来,智利、厄瓜多尔、巴西、保加利亚、秘鲁、泰国、俄罗斯、乌克兰等国开展了国家资产负债表分析。2008 年金融危机后，资产负债表分析法获得更多发展。鉴于资产负债表能够清晰地界定期限错配风险、货币错配风险、资本结构错配风险与清偿力缺失风险（Allen et al.，2002），资产负债表方法（Balance Sheet Approach，BSA）是宏观经济政策的制定基础。首先，政府资产负债表结构将影响金融稳定；其次，基于资产负债表的自我实现预言将会引发或加速危机；最后，私人部门资产负债表与政府资产负债表可一起用于综合研究。在此过程中，资产负债核算也逐步被纳入国民账户体系。1968年版SNA尚未能纳入资产负债核算，但是学者已经为纳入这项核算做出充分准备；1993年版SNA正式纳入资产负债核算。

（二）资产负债核算过程

国民经济核算体系基于构建资产负债表来记录特定时点所拥有的资产价值及其承担的负债价值。首先，编制期初资产负债表，用于表明核算主体在核算期初所拥有的资产价值、所承担的负债价值；随后，编制积累账户，用于表明核算主体在核算期内的资产负债变化；最后，编制期末资产负债表，用于表明核算主体在核算期末最终拥有的资产价值、承担的负债价值（见图5-1）。

核算期内的多种情形将会引致资产价值与负债价值的变化。一方面，储蓄可能被用于配置非金融资产，由此形成非金融资产存量的提高；另一方面，储蓄也可能被用于配置金融资产，由此形成金融资产存量的提高或是金融负债存量的提高。在非金融交易、金融交易以外，战争、地震等事件同样可能造成资产和负债的物量变化，这些变化被计入资产物量其他变化账户；那些因核算期内的资产价格与负债价格变化而引起的收益或损失则记录在重估价账户。因此，积累账户由资本账户、金融账户、资产物量其他变化账户、重估价账户共同构成。

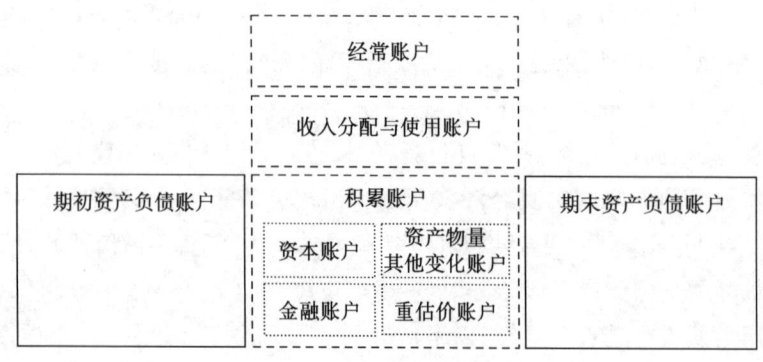

图5-1 资产负债核算过程

二、资产负债的估价原则、基本表式和平衡关系

（一）资产负债核算的估价原则

资产负债表中的各个资产与负债项目是以编表日期的现期价格进行估价。理论上，各个资产项目与负债项目应当根据那些可观测的市场价格来估价，但是当市场资产并未在近期进行买卖时，就不存在可观测的市场价格，此时应当估算一个可能的价格。由此，资产项目与负债项目的估价可分为三种情形。（1）若资产在交易所等市场中交易，那么就存在可观测的市场价格。例如，金融资产可以经由证券交易所等市场来观测市场价格，运输设备等资产同样可以经由交易市场来观测市场价格。（2）若非金融资产并不在市场中交易，也可通过资产使用年限内的获得与处置累加来近似获得市场价格，该方法的基本含义是资产的市场价值变动反映其市场价格。初始获得成本也会由于资产预期寿命内的固定资本消耗或其他折旧形式而减少。（3）若资产的收益延迟获取，或是资产的收益分布在较长时间，那么就可以采用未来收益现值来估算资产价格，具体而言是将资产未来收益贴现为现期价值。

（二）资产负债核算的基本表式与平衡关系

资产负债表旨在记录经济总体、机构部门、机构单位所持有的资产、负债、资产净值。鉴于资产负债核算过程是将各类资产负债的期初存量价值同核算期内因交易、其他物量变化、价格变化而产生的价值变化加总，以获知各类资产负债期末存量价值，资产负债核算的基本表式有期初/期末资产负债表、资产负债交易变化表和资产负债其他变化表。因此，对于各项资产负债项目而言，有"期初存量+期内交易变化+期内其他变化=期末存量"。

就资产负债表构成而言，如表5-1、表5-2和表5-3所示，表格的主栏分别登录各资产项目、各负债项目与资产净值项目。其中，资产项目包括各非金融资产项目与金融资产项目。因而，"资产=非金融资产+金融资产"。表格的宾栏分别登录各机构部门，即有"资产/负债存量=非金融企业部门资产/负债存量+金融机构部门资产/负债存量+广义政府部门资产/负债存量+NPISH资产/负债存量+住户部门资产/负债存量"。资产净值是资产负债表平衡项目，表达的是经济总体、机构部门或机构单位持有的全部资产扣除其未偿

还负债的净额,即有"资产净值 = 资产 – 负债"。

表 5 – 1　　　　　　　　　　期初/期末资产负债表

	非金融企业部门	金融机构部门	广义政府部门	NPISH	住户部门	经济总体	国外
资产							
非金融资产							
生产资产							
固定资产							
住宅							
其他建筑和构筑物							
机器和设备							
培育性生物资源							
知识产权产品							
存货							
贵重物品							
金融资产							
通货							
存款							
贷款							
股权和投资基金份额							
债务性证券							
保险准备金和社会保险基金权益							
金融衍生品和雇员股票期权							
国际储备							
其他							
资产净值							

经济总体、机构部门、机构单位在核算期内因开展交易而导致的资产负债变化记录在资产负债交易变化表中。

表 5-2　　　　　　　　　　　　资产负债交易变化表

	非金融企业部门	金融机构部门	广义政府部门	NPISH	住户部门	经济总体	国外
资产							
非金融资产							
生产资产							
固定资产							
住宅							
其他建筑和构筑物							
机器和设备							
培育性生物资源							
知识产权产品							
存货							
贵重物品							
金融资产							
通货							
存款							
贷款							
股权和投资基金份额							
债务性证券							
保险准备金和社会保险基金权益							
金融衍生品和雇员股票期权							
国际储备							
其他							
资产净值							

在核算期内，如果有交易以外的因素引起了经济总体、机构部门、机构单位资产、负债或是资产变化——例如，自然资源的发现或耗减，非培育生物资产的自然生长或死亡，合约的订立或解除等，以及因地震、火灾、海啸、飓风、战争等事件引致的资产物量变化——应当作为"资产物量的其他变化"记录在资产负债其他变化表中。

在核算期内，那些因价格变动而引起的资产负债价值变化，同样应当记录在资产负债其他变化表中。重估价引起的价值变化又可称为"持有损益"。名义持有损益记录的是核算期内由资产、负债价格变化引致的资产负债价值全部变化。名义持有损益又可继续分解为中性持有损益和实际持有损益。中性持有损益，是指以一般价格指数重新衡量的估价，为的是保证各项资产、负债的购买力在重估后保持不变；实际持有损益，是指名义持有损益扣除中性持有损益后的余额，表明资产、负债价格较一般价格水平变化的相对值。

表 5-3　　　　　　　　　　资产负债其他变化表

	非金融企业部门	金融机构部门	广义政府部门	NPISH	住户部门	经济总体	国外
资产							
非金融资产							
生产资产							
固定资产							
住宅							
其他建筑和构筑物							
机器和设备							
培育性生物资源							
知识产权产品							
存货							
贵重物品							
金融资产							
通货							
存款							
贷款							
股权和投资基金份额							
债务性证券							
保险准备金和社会保险基金权益							
金融衍生品和雇员股票期权							
国际储备							
其他							
资产净值							

第二节 资产负债分析指标

资产负债分析,旨在分析经济总体的资产负债总量、资产负债结构、资产净额(即财富),以及与资产负债相关的重要比例关系。上述分析则是以清晰核算多种资产存量与负债存量为基础。非金融资产并不对应负债,但金融资产与金融负债具有对称性。也就是说,任何一项金融资产都伴随着一项与之同时发生且规模相等的金融负债。在估价原则方面,总体而言,如果金融资产和金融负债是在市场上交易,就使用现价进行估价,如果不在市场上交易,需要依据债务人应当付给债权人用于抵销债务的数额进行估价。

一、生产资产(Produced Assets)

(一)固定资产

固定资产(Fixed Assets),是指在生产过程中被反复使用或是连续使用一年以上的生产资产,包含住宅(Dwellings)、其他建筑和构筑物(Other Buildings and Structures)、机器和设备(Machinery and Equipment)、培育性生物资源(Cultivated Biological Resources)、知识产权产品(Intellectual Property Products)、计算机软件和数据库(Computer Software and Databases)等。是否能够在一年以上的时期中被反复用于生产,是固定资产的判定条件。建筑物与机器设备能够在生产过程中被反复使用,无疑是固定资产;树木、庄稼和使植物等能够重复提供产品的动植物资源,也应当是固定资产;研究与开发成果、计算机软件和数据库、娱乐、文学或艺术品原件等知识产权产品经过研究、开发、调查或创新而形成知识,当知识的使用能够为其所有者创造利润时,知识就成为资产,这些资产同样应当隶属固定资产。在固定资产估价方面,通行的估价方法是以资产负债表期初价值,加上核算期内的资产重估价,减去固定资本消耗与其他物量变化与处置价值。

（二）存货

存货（Inventories），是指当期或较早时期产生的货物与服务，包含材料与用品（Materials and Supplies）、在制品（Work-in-progress）、制成品（Finished Goods）、军事库存（Military Inventories）等。存货的期初价值核算为资产负债表编表日价格的存货价值，存货变化核算为核算期内进入的存货价值减去退出的存货价值和存货损失价值。

（三）贵重物品

贵重物品（Valuables），是指作为价值贮藏手段持有、具有较大价值的生产性货物，主要包括贵金属、珠宝、艺术品等。贵重物品的作用在于价值贮藏，因而其估价应使用艺术品、古董、珠宝、宝石和贵金属的现期价格进行估算。

二、非生产资产（Non-produced Assets）

（一）自然资源

自然资源（Natural Resources），是指那些已被确定所有权并已得到有效控制的自然资产。作为资产，被记录在资产负债表中的自然资源还应当在给定的技术、科学知识、经济基础设施、可动用资源下，能够为其所有者带来经济利益。自然资源包含土地（Land）、矿物和能源储备（Mineral and Energy Reserves）、非培育性生物资源（Non-cultivated Biological Resources）、水资源（Water Resources）等，以及无线电频谱（Radio Spectra）等其他自然资源。土地，即地面本身，包含其覆盖的土层及地表水，所有者通过持有或使用对土层或地表水的所有权来获取经济利益。矿物和能源储备，即位于在给定技术或相对价格下具有经济可开采性的矿物和能源储备。非培育性生物资源，即可能产生一次性产品或重复产生产品的资源。水资源，是指那些稀缺性已到达行使所有权与使用权、市场估价和经济控制要求的地表水和地下水。将自然资源纳入资产负债核算，不仅是因为那些被确定所有权的自然资源符合资产定义，更是因为这些自然资源在生产活动中起到基础性、支配性作用，是创造人类财富的源泉①。

(二) 合约、租约和许可

合约、租约和许可 (Contracts, Leases and Licenses),是指那些在一个契约市场上存在着一个不同于无合约、租约或许可时的价格,而契约一方能够合法地实现上述价格差异的资产,包含可交易经营租赁 (Marketable Operating Leases)、自然资源使用许可 (Permits to Use Natural Resources)、从事特定活动的许可 (Permits to Undertake Specific Activities)、货物与服务的未来排他性权利 (Entitlement to Future Goods and Services on An Exclusive) 等。可交易经营租赁,是指使一种与固定资产有关的第三方债权。自然资源使用许可,是指与自然资源有关的第三方债权。从事特定活动的许可,是指数量上有限故而允许持有垄断利润的资产。货物和服务的未来排他性权利,是指约定在将来某一时点以固定价格购买货物或服务的一方能够把第二方的义务转移至第三方的债权。

(三) 商誉和营销资产

商誉和营销资产 (Goodwill and Marketing Assets),是指企业购买者准备支付的、已识别的资产与负债净价值以外的费用,表示公司治理架构的价值以及以公司的人力资源、管理、文化、分销网络和顾客为基础的价值。

三、金融资产和负债 (Financial Assets and Liabilities)

(一) 货币黄金和特别提款权

货币黄金和特别提款权 (Monetary Gold and SDRs) 中,货币黄金是指货币当局拥有的、作为储备资产而持有的黄金,包括金块 (Gold Bullion) 和未分配黄金账户 (Unallocated Gold Accounts);特别提款权是指由国际货币基金组织 (IMF) 创立并分配给会员以补充现有储备资产的国际储备资产。在估价方面,货币黄金按市场上形成的价格或是中央银行间双边协议价格,特别提款权使用 IMF 货币篮子来决定价格。当中央银行将货币黄金卖给另一个中央银行或其

---

① 耿建新,胡天雨,刘祝君:"我国国家资产负债表与自然资源资产负债表的编制与运用初探——以 SNA 2008 和 SEEA 2012 为线索的分析"[J],《会计研究》,2015 (1)。

他的货币黄金持有者时，须在双方的货币黄金交易账户中记录。金块这项金融资产并不对应金融负债，通常只能作为中央银行或中央政府的金融资产，以金币、锭、条等形式存在。SDRs存量表示的是特别提款权参与部门的债权。

（二）通货和存款

通货和存款（Currency and Deposits）中，通货是指那些由中央银行发行的具有固定名义价值的纸币和硬币；存款是指那些代表着对未来推出资金追索权的非可转让合约。本国通货是由本国中央银行或中央政府发行的，国外通货代表着非常住中央银行对本国的追索权。在估价方面，通货以其全部面值记录为负债，存款以其结清时债务人依据契约规定应偿还债权人的数额来估价。

（三）债务性证券

债务性证券（Debt Securities），是指那些以可转让性为特征的金融债权，作为债务凭证而出现。在估价方面，债券价值应当以资产负债表编表日的市场价格来记录。证券交易的资产方记录为"证券购买－证券销售、赎回和利息支付＋期内应计利息"；证券交易的负债方记录为"新证券发行－证券赎回和利息支付＋期内应计利息"。具体而言，债务性证券包括国库券、其他可以向中央银行再贴现的票据、向其他货币市场投放的资金、以交易为目的而持有的政府债券和其他证券中的债务性证券以及投资证券。对存款吸收机构而言，债务性证券包含存款证、其他货币市场存款、本票和其他有书面凭证的负债。在金融稳健统计中，"证券市场平均日换手率"测度了证券市场的深度，测算为交易期间内的成交证券数量除以交易期内的证券平均存量，表明市场吸收大额交易量却不对市场价格造成重大影响的能力。

（四）贷款

贷款（Loans），是指那些由债权人直接将资金借给债务人、使用不可转让单据作为凭证的金融资产。具体而言，透支（Overdrafts）、抵押贷款（Mortgage Loans）、租购信贷（Hire－purchase Credit）、分期付款（Installment Loans）、贸易信贷（Loans to Finance Trade Credit）、发薪日贷款（Payday Loans）都隶属这一分类。在估价方面，贷款价值应当以未偿付的本金来记录。在金融稳健统计中，"贷款总额的部门分布比率"用于反映贷款在住户部门和非住户部门之间的分布状况，测算为各机构部门贷款存量与贷款总额之比，是一项重要的金融稳健指标。当大量信贷积累在特定的住户部门之中时，可能意味着该部门的活跃程度、价格水平和盈利水平将会对存款吸收部门产生重大的影响。此外，"住宅房地产贷款与总贷款的比例"用于反映存款吸收机构对住宅房地产业的风险暴露，测算为住宅房地产贷款与贷款总额之比，同样是一项重要的金融稳健指标。房地产业的繁荣如果伴随着房地产价格的快速上升，那么通常伴随着银行对私人部门信贷的快速增加，这种现象通常与货币政策的扩展有关。当货币政策由扩张转为收缩，或是房地产市场价格崩溃之后，金融部门则将面临诸多困境，如债务人难以还本付息，作为抵押品的住房价值剧烈下滑。为避免存款吸收部门对住宅房地产市场的风险暴露，应充分获知相关的信贷风险暴露信息，并通过追踪房地产价格等手段来监控风险敞口。

（五）股权和投资基金

股权和投资基金（Equity and Investment Fund Shares）中，股权是用于证明持有者对发行单位资产剩余追索权的票据和记录；投资基金是指将投资者资金集中起来投资与金融资产或非金融产的集体投资。对于股权而言，上市股票和未上市股票的估价方式存在差异。上市股票直接以金融市场交易的现价进行估价；未上市股票若不具备市场价格，那么可采用近期交易价格、净资产价值、现值或市盈率、依据宏观信息调整的企业账面价值、自有资金账面价值或摊销全球价值估算股票价值。投资基金的估价方法与股权类似，上市基金以市场价格进行估价，未上市基金同样可采用近期交易价格、净资产价值、现值或市盈率、依据宏观信息调整的企业账面价值、自有资金账面价值或摊销全球价值来估算价值。在金融稳健统计中，股票市场的深度、股票市场结构同样是重要的分析指标，而上述指标的测算涉及股票存量。

（六）保险年金养老金及标准化担保计划

保险年金养老金及标准化担保计划（Insurance, Pension and Standardised Guarantee Schemes）是凭借收入与财富再分配的功能运转的。这一资产分类主要包含非寿险专门准备金、人寿保险和年金权益、养老金权益和非养老金权益、养老金管理者的养老基金索赔、标准化担保下的代偿准备金五种类型。其中，非寿险专门准备金是指非寿险企业所提供的为保单持有人抵御损失与损害的部分，可细分为净寿险保费偿付和寿险索赔余额储备两大部分；人寿保险和年金权益是指保单持有者对寿险或年金权益提供单位的求偿权；养老金权益和非养老金权益是指雇主对雇员支付养老金的安排。

（七）金融衍生品和雇员股票期权

金融衍生品和雇员股票期权（Financial Derivatives and Employee Stock Options）中，金融衍生品是指与特定金融工具、指标、商品相联系，并可以自身权利在金融市场上交易的金融工具。期权与远期合约是两类典型的金融衍生品。期权是指购买者在特定日期前以任意价格购买或销售合同的权利，以现期价值或应付权利金数额估价；远期合同是指交易对手方在特定日期以合同规定价格交易特定数量物品的合约，以市场价值记录。雇员股票期权是指雇员可以在特定时期内以特定价格购买特定数量雇佣企业股权的合约，以公允价值估价，可被视为雇员报酬的一种形式。

四、资产净值

资产净值即特定时点上资产总价值扣除负债总价值的余额，具体而言是非金融资产存量价值与金融资产、负债存量价值净额的总和。作为平衡项，资产净值反映的是机构单位、机构部门、经济总体的经济价值存量。

五、备忘项目

资产负债表备忘项目展示的是那些在核心框架中未能被单独识别，但是对特定机构部门具有专业分析意义的资产。通常而言，资产负债表需要展示不良贷款存量、耐用消费品、外商直接投资等项目的存量。

2012—2013 年中国国家资产负债表如表 5-4 所示。

表 5-4　　　　中国国家资产负债表（2012—2013 年）　　　　单位：万亿元

资产	2012 年	2013 年	负债	2012 年	2013 年
非金融资产	301.5	336.2			
居民房地产	105.8	117.8			
居民汽车	6.7	8.3			
农村生产性固定资产	2.8	3.2			
企业固定资产	92.9	105.1			
存货	13.5	14.3			
企业其他非金融资产	15.4	17.7			

续表

资产	2012年	2013年	负债	2012年	2013年
行政事业单位固定资产	7.0	7.7			
事业单位无形资产	0.1	0.1			
政府所拥有的资源型资产（土地）	57.2	62.0			
金融资产	303.4	355.1	金融负债	287.4	339.1
通货	5.3	5.7	通货	5.5	5.9
存款	99.4	115.0	存款	99.4	115.1
贷款	79.7	94.5	贷款	79.0	93.9
债券	26.7	30.2	债券	26.9	30.3
股票	11.4	11.9	股票	12.5	13.0
证券投资基金份额	1.7	1.9	证券投资基金份额	1.7	1.9
证券公司客户保证金	0.4	0.4	证券公司客户保证金	0.4	0.4
保险准备金	7.5	8.9	保险准备金	7.5	8.9
结算资金	-0.2	-0.2	结算资金	-0.2	-0.2
金融机构往来	3.8	5.2	金融机构往来	5.2	6.7
准备金	18.2	19.6	准备金	17.9	19.4
库存现金	0.6	0.6	库存现金	1.0	1.1
中央银行贷款	-1.0	-1.0	中央银行贷款	-1.5	-1.4
其他（净）	15.2	20.7	其他（净）	14.7	20.2
外商直接投资	4.1	6.1	外商直接投资	12.7	14.7
其他对外债权债务	5.0	6.2	其他对外债权债务	4.2	5.3
国际储备资产	24.0	26.6	国际收支错误与遗漏	-2.4	-2.8
总资产	604.8	691.3	总负债	287.4	339.1
			资产净值	317.5	352.2

资料来源：李扬、张晓晶、常欣等著《中国国家资产负债表2015》，中国社会科学出版社2015年版。

第三节 资产负债分析应用示例

当前，我国还未能完整编制国家资产负债表。我们以中国社会科学院李扬等关于中国资产负债表的系列研究为例，展示资产负债分析的多项应用。

一、我国国家资产规模与结构分析

【例题】国家总资产规模代表着一国所能够掌控并且能从中获得经济利益和服务潜能的经济资源。其中,经济利益是指因运用资产而产生的现金或现金等价物流入或流出,服务潜能是指因运用资产而提供的服务与智能。因此,测度国家资产规模与结构,可获知一国持续获得经济利益与服务潜能的能力。试分析我国国家资产负债表的资产规模与资产结构。

【解答】我国的国家总资产规模由2012年的604.8万亿元增长至2013年的691.3万亿元(见表5-5),增长了86.5万亿元。其中,非金融资产由2012年的301.5万亿元增长至2013年的336.2万亿元,增长了34.8万亿元,贡献了总资产规模增长的40.20%;金融资产由2012年的303.4万亿元增长至2013年355.1万亿元,增长了51.7万亿元,贡献了总资产规模增长的59.8%。与当年GDP比值由2012年的11.19提升至2013年的11.61,表明我国资产规模与经济增长正相关,且资产规模的增长速度高于经济增长速度。

就国家资产构成情况来看,非金融资产占总资产比重由2012年的49.84%下降至2013年的48.64%,金融资产占总资产比重由2012年的50.16%上升至2013年的51.36%,表明金融资产的相对重要性有所提升。在非金融资产中,居民房地产约占35%,企业固定资产约占31%,而政府所拥有的资源型资产约占20%,三类资产共占非金融资产总量的86%左右。在金融资产中,存款、贷款为主要构成部分,存款约占32%,贷款约占26%,与此同时,债券仅占金融资产的8%左右,股票仅占金融资产的3%左右,表明间接融资仍然是我国的主要融资方式。

表5-5 中国国家资产规模与结构(2012—2013年)

	资产规模(万亿元)		占总资产比重(%)		占非金融资产/金融资产比重(%)	
	2012年	2013年	2012年	2013年	2012年	2013年
非金融资产	301.5	336.2	49.84	48.64		
居民房地产	105.8	117.8			35.08	35.02
居民汽车	6.7	8.3			2.22	2.46
农村生产性固定资产	2.8	3.2			0.93	0.96
企业固定资产	92.9	105.1			30.83	31.26

续表

	资产规模（万亿元）		占总资产比重（%）		占非金融资产/金融资产比重（%）	
	2012年	2013年	2012年	2013年	2012年	2013年
存货	13.5	14.3			4.48	4.26
企业其他非金融资产	15.4	17.7			5.11	5.27
行政事业单位固定资产	7.0	7.7			2.33	2.28
事业单位无形资产	0.1	0.1			0.03	0.03
政府所拥有的资源型资产（土地）	57.2	62.0			18.98	18.45
金融资产	303.4	355.1	50.16	51.36		
通货	5.3	5.7			1.74	1.60
存款	99.4	115.0			32.75	32.40
贷款	79.7	94.5			26.28	26.63
债券	26.7	30.2			8.80	8.49
股票	11.4	11.9			3.77	3.36
证券投资基金份额	1.7	1.9			0.57	0.53
证券公司客户保证金	0.4	0.4			0.13	0.10
保险准备金	7.5	8.9			2.47	2.51
结算资金	-0.2	-0.2			-0.07	-0.06
金融机构往来	3.8	5.2			1.24	1.46
准备金	18.2	19.6			6.00	5.53
库存现金	0.6	0.6			0.18	0.17
中央银行贷款	-1.0	-1.0			-0.33	-0.27
其他（净）	15.2	20.7			5.03	5.83
外商直接投资	4.1	6.1			1.35	1.73
其他对外债权债务	5.0	6.2			1.65	1.74
国际储备资产	24.0	26.6			7.91	7.51
总资产	604.8	691.3				

二、我国国家负债规模与结构分析

【例题】国家总负债规模代表着一国承担的现时义务，在履行这项义务时会发生经济利益的流出或是服务潜能的减少。测度国家的负债规模与结构，可获知国家未来的偿还压力。试分析我国国家资产负债表的负债规模与负债结构。

【解答】我国国家负债规模由2012年的287.4万亿元上升至2013年的339.1万亿元（见表5-6），增加了57.1万亿元。国民经济负债与当年GDP

比值由 2012 年的 5.32 提升至 2013 年的 5.70，表明我国负债规模同样与经济增长呈现正相关关系，且负债规模增长速度略高于经济增长速度。就国家负债构成情况来看，存款与贷款同样是国家负债的主要构成部分，存款约占 34%，贷款约占 28%，二者共同构成国家负债的 62%；与之相对应，债券融资占比约为 9%，股票融资占比约为 4%，同样表明，间接融资仍是我国的主要融资方式，直接融资与之相比并非发达。

表 5-6　　　　　中国国家负债规模与结构（2012—2013 年）

	负债规模（万亿元）		占总负债比重（%）	
	2012 年	2013 年	2012 年	2013 年
金融负债	287.4	339.1	100.00	100.00
通货	5.5	5.9	1.92	1.74
存款	99.4	115.1	34.58	33.93
贷款	79.0	93.9	27.51	27.69
债券	26.9	30.3	9.35	8.94
股票	12.5	13.0	4.34	3.83
证券投资基金份额	1.7	1.9	0.61	0.55
证券公司客户保证金	0.4	0.4	0.14	0.11
保险准备金	7.5	8.9	2.61	2.63
结算资金	-0.2	-0.2	-0.08	-0.07
金融机构往来	5.2	6.7	1.83	1.97
准备金	17.9	19.4	6.24	5.71
库存现金	1.0	1.1	0.36	0.32
中央银行贷款	-1.5	-1.4	-0.51	-0.42
其他（净）	14.7	20.2	5.12	5.96
外商直接投资	12.7	14.7	4.41	4.34
其他对外债权债务	4.2	5.3	1.45	1.57
国际收支错误与遗漏	-2.4	-2.8	-0.82	-0.84
总负债	287.4	339.1		

三、我国国家资产负债表资产负债分析

【例题】鉴于国家负债通常要依赖国家资产来偿还，资产与负债的联合分析也就成为研判国家经济偿还能力、知悉国家经济面临风险的重要方面。试开展我国国家资产负债表的资产负债联合分析。

【解答】从 2013 年的状况来看，我国资产存量为 691.3 万亿元，负债存量

为339.1万亿元，资产存量足以弥补负债存量，并产生了352.2万亿元的资产净值，资产负债率为49.06%，表明国家拥有足够的资产来覆盖负债。然而，就资产负债率发展状况来看，2013年资产负债率为49.06%，较2012年资产负债率43.58%提高了5.48个百分点，资产负债率上升趋势明显，表明国家资产中凭借筹措债务而形成的部分有所增加，但总体而言仍维持在较为合理的水平。

比较总资产与总负债规模可知，国家资产净值由2012年的317.5亿元提升至2013年的352.2亿元，增加了34.8万亿元；就资产净值的构成来看，2012年、2013年的净金融资产持平，均为16.0万亿元，而非金融资产分别为336.2万亿元、301.5万亿元，表明非金融资产是资产净值的主要构成部分，约占资产净值规模的95%，而净金融资产仅占资产净值规模的5%左右。就净金融资产的发展变化状况来看，2013年净金融资产规模较2012年而言增加了3.1万亿元，提升了18.36%，表明我国对金融资产投资的意识不断提升。

四、国民财富状况分析

【例题】资产净值作为资产存量与负债存量的差额，体现着经济体的财富与综合实力。国民财富是指一个国家在特定时点上所拥有的一切财富的总和，是衡量一国国情国力并反映其经济实力的主要指标。考察国民财富，可获知一国经济实力是否获得净提升。试考察我国的国民财富。

【解答】国民财富通常被核算为非金融资产与本国对国外净债权的总和，具体而言是非金融资产、国外金融资产净额、储备资产三项目的总和。如表5-7所示，我国的国民财富由2012年的317.7万亿元增长至2013年的355.1万亿元，增长了37.4万亿元，增长率为11.77%，表明我国经济实力在上述年份中获得了显著的提升。就国民财富各构成项目进行分析，非金融资产由2012年的301.5万亿元增长至2013年的336.2万亿元，增长了34.7万亿元，贡献了国民财富增长的92.89%，是引起国民财富增长的最主要因素；国外金融资产净额始终维持在-7.7亿元，既无增长，也无下降，并未能对国民财富增长做出贡献；国际储备资产由2012年的24.0万亿元增长至2013年的26.6万亿元，增长了2.6万亿元，贡献了国民财富增长的7.11%，同样对国民财富增长有一定贡献。

表 5-7　　　　　　　　中国国民财富（2012—2013 年）　　　　　　单位：万亿元

	2012 年	2013 年
非金融资产	301.5	336.2
居民房地产	105.8	117.8
居民汽车	6.7	8.3
农村生产性固定资产	2.8	3.2
企业固定资产	92.9	105.1
存货	13.5	14.3
企业其他非金融资产	15.4	17.7
行政事业单位固定资产	7.0	7.7
事业单位无形资产	0.1	0.1
政府所拥有的资源型资产（土地）	57.2	62.0
国外金融资产净额	-7.7	-7.7
外商直接投资	-8.6	-8.6
其他对外债权债务	0.8	0.8
国际储备资产	24.0	26.6
国民财富	317.7	355.1

第六章
国际收支数据分析

前述章节分别概述了经济中商品与服务的生产、收入初次分配与再分配、非金融资产与金融资产积累的过程。本章探讨本国与其他经济体对于上述交易总体的记录方式。国际收支核算，又称国际收支统计，主要由两大部分构成：本国居民与非居民的交易和本国居民对非居民的金融资产负债差额（头寸）。本国居民与非居民的交易记录在国际收支平衡表中，本国居民对非居民的金融资产负债差额（头寸）记录在国际投资头寸表中。其中，国际收支平衡表系统地包含货物和服务账户、原始收入账户、二次收入分配账户、资本账户和金融账户，是对特定时期内居民与非居民之间经济交易的汇总表。国际投资头寸表是显示特定时点上居民与非居民之间债权与债务的报表，包含国际收支平衡表、国际投资头寸表在内的国际收支核算，为分析一经济体的国际经济表现、汇率政策、储备管理、对外脆弱性等问题提供了一个综合的框架。本章首先介绍国际收支分析的基本原理，通过对国际收支平衡表和国际投资头寸表的概述考察国际收支分析指标，进而依托具体案例解析国际收支分析的应用。

第一节 国际收支分析原理

一、国际收支核算的一般问题

（一）国际收支核算的范围

17世纪地理大发现和世界航路转移促使国际经济活动日益频繁，以国家对外贸易为主要形式的国际收支产生。在第一次世界大战后，战争赔款和国际信贷活动促使以外汇收支为主要形式的国际收支产生。在第二次世界大战后，国际交易不断增多，方式变化，以补偿贸易、政府援助、易货贸易为主要形式的无外汇收支交易日益重要，以交易为基础的国际收支产生。总体来看，国际收支内涵经历了"商品贸易、外汇交易、所有对外交易活动"的演变过程。第二次世界大战后，关税与贸易总协定（General Agreement on Tariffs and Trade，GATT）管理着国际贸易多边条约、多边贸易组织、多边经济合作组织。1995年，GATT正式更名为世界贸易组织（World Trade Organization，WTO），宗旨是提高生活水平、保证充分就业、稳步提高实际收入和有效需求，扩大货物和服务的生产与贸易，敦促成员国对世界资源的利用与保护，以及积极努力地确保发展中国家在国际贸易增长中获得与经济发展需要相称的利益。WTO关于国际服务贸易的国际规则主要是《服务贸易总协定（GATS）》。GATS首次确定有关服务贸易规则和原则的多边框架，促成了服务贸易的自由化，扩大了多边贸易的权利与义务范围，订立了综合争端解决机制，规定了适用于服务贸易的规范，为将金融、海运、基础电信及相关自然人移动等纳入框架奠定基础。

早在1953年版SNA发布之际，编撰者就曾尝试将国际收支核算纳入体系，但受制于当时的理论和实践准备，最终未能实现。1968年版SNA首次纳入国际收支，使本国与其他经济体间的交易能够遵循特定规则予以记录。为配合SNA执行，IMF颁布《国际收支手册》（Balance of Payments Manual，BPM），对各国的国际收支核算工作进行指导。BPM于1948年首次发布，已经历5次大规模修订，最新版本为2009年出版的BPM6。基于应对全球经济环境变化，并对实践中的应用问题进行协调，BPM各版本逐步在核算概念和核算内容界定方面同SNA形成对接。在1993年发布的第五版中，BPM首次探讨"国际投资头寸统计"这一重要领域。考虑到资产负债表对脆弱性研究的重要意义，2009年出版的BPM6不仅将"国际投资头寸"加进书名，使手册名称变更为《国际收支和国际投资头寸手册》（《Balance of Payments and International Investment Position Manual》），而且详尽地阐述了资产负债表内容。鉴于国内和国际经济发展动态之间存在重要的联系，国际收支核算已日益成为国民经济核算中一个不可分割的内容。《国际收支手册》同SNA国际收支核算采用相同的宏观经济框架，仅仅在国际交易或头寸方面提供更详细的信息。

(二) 国际收支核算过程

经济领土（Economic Territory），是指单一政府或货币与经济联盟实行有效经济控制的区域，包含陆地区域（含岛屿）、领空、领水和物理上位于其他领土上的国外领土飞地，以及国境之内的自由贸易区、转运港口、报税仓库或工厂。其他国家在本国建立的领土飞地则不属于该国经济领土。

经济利益中心（Center of Economic Interest），是指机构单位在经济领土内某个地点从事并拟继续从事相当规模的经济活动和交易，该地点为住宅、生产场所或其他房屋等。判定某机构单位是否在某国具有经济利益中心的标准是，在该国经济领土上从事生产或消费活动，并持续经营与居住一年以上。

常住性（Residence），是指一个机构单位与其所在的经济领土有最紧密的联系，具体表现为在此经济领土上具有显著的经济利益中心。也就是说，当某机构单位在某经济领土内从事一年或一年以上的生产或消费时，即可被认为具有常住性。

居民（Resident），当某机构单位在一国具有经济利益中心时，为该国居民；否则为非居民。一个经济体是由处于其经济领土之中的所有机构单位居民共同构成。

基于界定经济领土、经济利益中心、常住性等基本概念，国民经济核算体系使用国际收支平衡核算过程与国际投资头寸核算过程记录本国与国外的经济交易。在国民经济核算语境下，所有与本国常住单位发生交易的非常住单位被统称为"国外"。国民经济核算体系采用国际收支平衡表（Balance of Payments，BoP）来记录一段时期内本国同国外发生的经济流量，具体包含经常账户、资本和金融账户（积累账户）。国民经济核算体系采用国际投资头寸表（International Investment Position，IIP）来记录期初、期末本国同国外经济存量及变化，这些存量变化或是由交易引起，或是由价格、汇率和其他因素引起。

二、国际收支的核算原则、基本表式和平衡关系

(一) 国际收支的核算原则

1. 国际收支核算的记账方法。与国民经济核算账户通常采用的四式记账不同，国际收支平衡表仅采用复式记账体系，这是因为本国编表者能够如实记

录在本国发生的交易，却不能在交易对手方国家的账户中独立记录交易结果。因此，同一笔交易在交易双方所在国家的记录存在差异，这种差异已经是国际收支平衡表数据的普遍特征，被记录为净误差与遗漏项目。仅仅当国际收支统计在双边或全球范畴内开展时，同笔交易的记录结果才会完全相同。此时的国际收支核算记账方法，随即转变为四式记账法。在国际收支核算中，每笔交易分别记录为两个金额相等、方向相反的分录，各自反映资金的流入与流出。就国际收支表、国际投资头寸表进行考察，贷方记录的是货物和服务出口、应收收入、资产减少或负债增加，借方记录的是货物和服务进口、应付收入、资产增加或负债减少。

2. 国际收支核算的记账时间。基于遵循与 SNA 其他部分的记账时间一致的原则，国际收支核算对于一笔交易的记录遵循权责发生制原则。这便意味着，流量记录在国际收支核算中的时间是经济价值产生、交换、转移或消失的时点，与经济所有权变化的时间一致。跨国交易时，经济所有权的变化可能同现金支付时间不一致，鉴于货物的进口可能伴随贸易融资时滞，权责发生制提供了货物与服务交易记账时点的明确依据。

3. 国际收支核算的估价原则。国际收支核算同样遵循以市场价格估算的基本原则，仅仅在市场价格无法观测时，采用同样或相似产品的市场价格来作为近似替代。市场价格是在充分考虑卖方折扣、各项调整之后买方仍足以支付的价格。一个特殊的情形是国际货物贸易的估价。鉴于国际货物贸易的卖方和买方存在着多种可能的合约安排，如"工厂交货价""完税后交货价"等，而避税或避开外汇管制的驱动常常致使买方或卖方存在低报货价或高报货价，在此情况下，SNA 采用与 BPM 一致的处理，采用货物在出口经济体海关边界时的价格作为估价，也就是说货物的进口与出口核算是以离岸价格（FOB）估价。金融工具的估价同样应采用市场价格，而不应计入任何佣金、费用或税。

4. 汇总与取净额。在国际收支核算时，同一类的交易、其他流量与金融资产负债的存量通常遵循一定原则予以汇总，将总额记录在经常账户和资本账户之中，以获得重要的总量数据。如果对所有分项目计算全部值，那么这种加总或合并为"全值记录"，经常账户和资本账户即采用全值记录；如果部分分项目的符号相反并相互抵消，那么这种加总或合并为"净值记录"，金融账户和国际投资头寸表通常采用净值记录。对于同类金融资产或负债的获得与处置取净额，也就是常说的"轧差"，资产与负债之间则无须取净值。不仅同类型工具的资产与负债无须取净值，不同类型工具间也无须取净值。

（二）国际收支核算基本表式与平衡关系

国际收支平衡表包含经常账户、资本和金融账户、误差与遗漏项目（见表6-1）。其中，经常账户包含货物和服务账户、初次收入账户和二次收入账户，分别记录本国同世界其他国家的货物和服务进口、出口交易，本国与世界其他国家的关于雇员报酬、投资收益等项目的获得与支付，以及本国同世界其他国家的关于个人转移等项目的获得与支付。资本和金融账户包含资本账户和金融账户，分别记录本国同世界其他国家的非生产非金融项目与资本转移获得和处置，本国同世界其他国家的金融资产负债的获得和处置。国际收支平衡表内部包含多组平衡关系：

1. 经常账户平衡：经常账户差额＝货物贸易差额＋服务贸易差额＋初次收入差额＋二次收入差额。经常账户差额是自发交易的关键组成部分，因而经常账户平衡是国际收支平衡的主要目标。

2. 资本和金融账户平衡：资本和金融账户差额＝资本账户差额＋金融账户差额＋储备资产差额。

3. 国际收支平衡：国际收支差额＝经常账户差额＋资本和金融账户差额。

表6-1　　　　　　　　　国际收支平衡表基本表式

项目	差额	贷方	借方
1. 经常账户			
1.A 货物和服务			
1.A.a 货物			
1.A.b 服务			
1.A.b.1 加工服务			
1.A.b.2 维护和维修服务			
1.A.b.3 运输			
1.A.b.4 旅行			
1.A.b.5 建设			
1.A.b.6 保险和养老金服务			
1.A.b.7 金融服务			
1.A.b.8 知识产权使用费			
1.A.b.9 电信、计算机和信息服务			
1.A.b.10 其他商业服务			

续表

项目	差额	贷方	借方
1. A. b. 11 个人、文化和娱乐服务			
1. A. b. 12 别处未提及的政府服务			
1. B 初次收入			
1. B. 1 雇员报酬			
1. B. 2 投资收益			
1. B. 3 其他初次收入			
1. C 二次收入			
1. C. 1 个人转移			
1. C. 2 其他二次收入			
2. 资本和金融账户			
2.1 资本账户			
2.2 金融账户			
2.2.1 非储备性质的金融账户			
2.2.1.1 直接投资			
……			
2.2.1.2 证券投资			
……			
2.2.1.3 金融衍生工具			
2.2.1.4 其他投资			
……			
2.2.2 储备资产			
3. 净误差与遗漏			

（三）国际投资头寸表基本表式与平衡关系

国际投资头寸表即国际收支平衡表的资产负债账户，列示具有跨境性质的金融资产和负债，是指某个时点一经济体居民对非居民的债券和作为储备资产持有的金块等金融资产，以及一经济体居民对非居民的负债。经济体对外金融资产与金融负债之间的差额即为该经济体的净国际投资头寸（见表 6 - 2 和表 6 - 3）。

国际投资头寸表平衡关系：期末国际投资头寸 = 期初国际投资头寸 + 金融账户交易 + 数量的其他变化 + 汇率变化 + 其他价格变化。

第六章 国际收支数据分析

表 6-2　　　　　　　　　　　国际投资头寸表基本表式

	期初国际投资头寸	金融账户交易	金融资产和负债账户的其他变化			期末国际投资头寸
			由于下述原因引起的头寸变化			
			数量的其他变化	汇率变化	其他价格变化	
资产： 按职能类别 直接投资 证券投资 金融衍生产品（储蓄除外）和雇员认股权 其他投资 储蓄资产 按金融工具： 股权和投资基金份额/单位 债务工具 特别提款权 货币和存款 债务证券 贷款 保养老金和标准化担保计划 其他应收/应付款 其他金融资产和负债 货币黄金 金融衍生产品和雇员认股权 资产总额						
负债： 按职能类别： 直接投资 证券投资 股权和投资基金份额/单位 债务工具 特别提款权 货币和存款 债务证券 贷款 保养老金和标准化担保计划 其他应收/应付款 其他金融资产和负债 金融衍生产品和雇员认股权 负债总额						
净国际投资头寸						

表 6-3　　　　　　　　　国际投资头寸概览

资产						负债				
整个经济体	住户和为住户服务的非营利机构	广义政府	金融公司	非金融公司		非金融公司	金融公司	广义政府	住户和为住户服务的非营利机构	整个经济体
					直接投资					
					证券投资					
					金融衍生产品（储备除外）和雇员认股权					
					其他投资					
					储备资产					
					资产/负债总计					
					净国际投资头寸					

第二节　国际收支分析指标

　　国际收支平衡核算经常项目、资本与金融项目、净误差与遗漏项目常被用于分析一经济体的国际经济表现、汇率政策、储备管理、对外脆弱性等问题。考虑到国外经济与国内经济的生产、消费、积累等方面存在显著关联，而国际收支平衡表经常账户差额反映着经济体的对外储蓄行为和投资行为，分析经常账户变化可理解经济体对外储蓄和投资变动。为增进对可持续性和脆弱性的了解，国际投资头寸表作为对外经济的资产负债表，可被用于对币种非匹配、部门含义、债务利率组成、期限结构对流动性作用的理解，也可被用于衡量回报率、分析经济结构、研究同国内融资来源关系等问题。

一、国际收支平衡分析指标

在国际收支平衡分析中，经常账户记录的是居民与非居民之间的货物和服务、初次收入、二次收入的流量。其中，货物与服务账户记录居民与非居民之间的货物和服务交易，初次收入账户记录一经济体接受另一经济体使用劳动力、金融资产、非生产非金融资产而应当支付或收取的金额，二次收入账户记录一经济体与另一经济体之间提供用于当前目的的资源却并未付出任何直接经济回报的交易。上述账户的差额统称为经常账户差额。资本账户记录居民与非居民之间非生产非金融资产和资本转移的交易。金融账户记录居民与非居民之间金融资产和负债的获得与处置净额。净误差与遗漏项目记录原始数据非理想与编制误差导致的不平衡问题。

（一）经常项目

1. 货物与服务。货物（Goods），是指有形的生产活动结果，其自身可附有所有者权益，而这项经济所有权也可通过交易在机构单位之间实现转移。从使用价值来看，货物可被用于满足住户或其他机构单位的特定需求，也可被用于生产其他货物或服务。

在国际收支核算中，货物可细分为一般商品（General Merchandise）、转手买卖货物（Goods Under Merchanting）和非货币黄金（Nonmonetary Gold）。一般商品这一分类涵盖了居民与非居民间大多数货物所有权变更，其中包括非流通纸币和铸币以及未发行的证券，电力、天然气和水，带有永久使用许可的非定制软件套装和视频音频录制品，承运人在港口购买的货物，承运人在运营商居民所在领土之外提供或购买的货物，金融租赁中承租方获得的货物，发往境外时未发生所有权变更、随后又被出售的货物，在原所有者居民所在领土之外出售的设备，旅行者访问境外时获得的用于转售的货物，旅行者获得的超过海关限制并计入海关统计数据的自用或馈赠物品。那些在居民和非居民之间交易却未能发生所有者变更的情形，或是已发生交易但该货物并不具有价值的情形，不能被列入一般商品。例如，转口贸易的货物虽然能够入境，却不能被计入过境领土的一般商品；金融租赁的出租方虽具有法定所有权，却不拥有经济所有权，因而金融租赁下出租方获得的货物也不能被计入一般商品。转手买卖是指居民从非居民处购买货物，随后即向另一非居民转售同一货物。批发、零售、商品交易和全球性生产过程的管理和融资通常涉及转售买卖。除货币黄金以外，发生在居民与非居民之间的黄金交易均应被列入非货币黄金交易项目。非货币黄金包括金条、金粉和其他未加工或半加工形式的黄金。

鉴于国际收支平衡表经常项目中"货物"的贷方记录本国货物的出口价值，借方记录本国货物进口价值，贷方与借方的总和即为进出口总额，而进出口总额同 GDP 的比重即为外贸依存度，表示一国经济发展对国际市场的依赖程度，是衡量一国对外开放程度的重要指标。一国货物贸易是顺差或逆差，主要是通过判断本国的出口货物规模是否较进口货物规模更大得出，该指标用于判断本国是否处于货物净进口地位。

服务（Services），是指无形的生产活动结果，能够改变服务使用单位的状况或是促成产品或金融资产交换，其自身一般不可附有所有权，并且服务的提供通常无法与其生产过程分离①。与货物的分类相比，国际收支核算中服务的细分类别更多。国际收支核算对服务的记录时间为服务交付的时间。当服务的交易款项预先、在最后或是在过程中支付时，支付时间与服务交付实践就存在差异，由此将会产生贸易预付款或是贸易信贷。

在国际收支核算中，服务的分类标准是服务的性质，而不是服务的提供单位，这与生产核算中的服务分类方式存在明显区别。对他人拥有实物投入的制造服务（Manufacturing Services on Physical Inputs Owned by Others），也就是加工服务，是指对他人拥有的实物投入展开制造的服务，主要指加工、装配、贴牌等。从事这些服务的企业并不对货物拥有经济所有权，因而货物的经济所有权并未因加工、装配、贴牌活动的发生而变更，故在加工者与所有者之间不记录一般商品交易，但记录服务交易。

别处未涵盖的维护和维修服务（Maintenance and Repair Services n.i.e），即维修和维护服务，是指居民为非居民所拥有的货物提供的维修和维护工作，或是非居民为居民所拥有的货物提供的维修和维护工作，包含对于船舶、飞机和其他运输设备的维修和维护，以及对运输设备的清洁，但不包含对建设工程的维修和维护，也不包含对计算机的维修和维护。维护和维修的记录价值为已完成工作的价值，而不是维修前或维修后货物的价值。

运输服务（Transport），是指将人或物体从某一地点运送至另一地点的过程，与运输相关的辅助和附属服务、邮政和邮递服务同样包含在内。运输服务

---

① 仅有计算机软件等知识产权产品能够像货物那样将生产与交易过程分离。

以全值记录。

旅行服务（Travel），是指居民在其他国家旅行期间消费的物品和购买的服务，或是非居民在本国旅行期间消费的物品和购买的服务。旅行服务相关的货物或服务可以由相关人或第三方代为购买，如商务旅行可以由雇主支付或报销，等等。

建设服务（Construction），包括以建筑物、工程性土地改良和其他此类工程建设为形式的固定资产建立、翻修、维修或扩建，与上述服务相关的安装和装配工程、场地准备、一般建筑物以及油漆、测量和爆破等特殊服务，以及建设项目的管理服务。建设服务按全值计价，其中包含建筑承包商为工程投入所提供的货物和服务，也包括建筑承包所发生的其他生产成本和营业盈余。

保险和养老金服务（Insurance and Pension Services），包括提供给人寿保险的年金、非人寿保险、再保险、货运险、养老金、标准化担保服务，以及保险、养老金计划和标准化担保计划的辅助服务。保险公司和养老基金公司的业务包括收取保费、支付索赔和投资基金。总体而言，保险和养老金服务的计价，应根据公司应急的金融与保险单持有人应计金额之间的差额推算。非人寿保险服务的产出＝已支付保费总额＋补充保费－应付索赔（加必要的索赔波动调整）。

金融服务（Financial Services），是指除保险和养老金以外的金融中介服务和辅助服务，这些服务通常由银行和其他金融公司提供。这些服务不仅与存款、贷款、信用证、信用卡、金融租赁等工具的发行有关，还包括金融咨询、金融托管、非保险类风险承担、合并与收购、信用评级、证券交易、信托等服务。对于那些已经进行显性收费的服务，金融服务直接以实际收费进行记录，多数金融服务都属于此类；对于金融工具的交易商或做市商而言，金融服务可以使用买卖交易的价差进行计价，具体记录为参考价格与交易商购买价格的差价，外汇、股票、债券、票据、金融衍生产品和其他金融工具的交易通常属于此类；对于那些代表所有者持有金融资产的金融机构而言，如共同基金、控股公司、信托公司和特殊目的实体，金融资产管理所涉及的管理费可以显性收取，也可以隐含地从获得的投资收益中收取；对于那些与利息收入和支出相关的间接测算金融服务（Financial Intermediation Services Indirectly Measured, FISIM）而言，贷款利息为财产收入和金融服务费用的总和，存款利息为财产收入扣除金融服务费用的余额，而金融机构通过贷款与存款之间的利差来维持运营。在 SNA 中，FISIM 的进口核算与出口核算也同样遵循参考利率法，这与生产核算中的 FISIM 核算方法达成一致。鉴于跨境的贷款和存款在记录时通常涉及多币种，原则上每一币种的存贷款都应当分别使用对应的参考利率。

其他商业服务（Other Business Services），包括研究和开发服务、专业和管理咨询服务、技术服务、贸易相关服务和其他商业服务、废物处理和防止污染、农业和采矿服务、经营租赁，等等。

个人、文化和娱乐服务（Personal, Cultural, and Recreational Services），包括试听和相关服务，以及其他个人、文化和娱乐服务。别处未涵盖的政府货物和服务（Government Goods and Services n. i. e），包括由飞地提供或是向飞地提供的货物和服务，外交官、领事馆工作人员和在海外的军事人员及其家属从东道国经济体购买的货物和服务，以及由政府或向政府提供的未列入其他服务类别的服务。

鉴于国际收支平衡表经常项目中"服务"的贷方记录本国服务的出口价值，借方记录本国服务进口价值，贷方与借方的总和即为服务贸易收支总额。本国服务出口规模同服务进口规模的差额，用于判断服务贸易处于顺差或逆差地位，从而判断本国是否处于服务净进口地位。

2. 初次收入。在国际收支平衡核算中，初次收入（Primary Income）为居民与非居民机构单位之间的初次收入流量，具体可细分为与生产过程相关的收入，以及与金融资产和其他非生产资产所有权相关的收入。

在与生产过程相关的收入中，雇员报酬是最主要的类别。雇员报酬是个人因对生产过程的劳务投入而获得的酬金回报，由现金形式的工资和薪金、实物形式的工资和薪金、雇主的社保缴款三项内容组成。雇员报酬依据权责发生制的核算确认方法进行记录，依据雇员从雇主处获得的酬金价值计价，而无论该酬金是以现金形式还是实物形式存在，也无论该酬金是以预先、工作期间还是工作后支付的形式存在。在雇员报酬以外，对产品和生产的税收和补贴也是与生产过程相关的收入。

在与金融资产和其他非生产资产所有权相关的收入中，因提供金融资产而获得股息和准公司收益、再投资收益和利息等回报是最主要类别。其中，股息是分配给股权所有者的已分配收益，为公司应向其股东或所有者支付的回报，通常按每股应付金额计价。准公司收益是准公司所有者从企业提取的部分或所有收入，其提取方法相当于通过股息分配公司利益，因而采取相同的处理方式。再投资收益为企业留存收益中分配给投资基金所有者和直接投资者的收益，前者可被视为转移给持有人的股权投资收益，后者是按直接投资者持有股权比例测算的、外国子公司和关联企业未作为股息分配且为直接投资者所有的收益。此外，本国因提供存款、债务证券、贷款和其他应收款等金融资产而获得的利息也隶属此类。利息依据权责发生制的核算确认方法记录，这便意味着，未偿款利息随时间流逝持续记录为债权人收入。

3. 二次收入。居民和非居民之间的经常转移流量记录在二次收入（Secondary Income）交易项目中。上述转移既包括现金，也包括实物，但不包括资本转移。

经常转移（Transfer），是指一个机构单位向另一个机构单位提供货物、服务、金融资产或其他非生产资产，但并无相应物品作为回报的情形，或是虽换取了某一物品，但其提供的价值在经济上并不显著或是远远低于其价值的情形。经常转移包含个人转移和其他经常转移两种类型。其中，个人转移是指居民向非居民提供，或是居民从非居民处获得的所有现金或实物经常转移。其他经常转移包含对所得、财富等征收的经常性税收、社保缴款、社会福利、非寿险和标准化担保净保费、非寿险索赔和标准化担保下的偿付要求、经常性国际合作、其他经常转移等。转移以经济所有权变化的时间进行记录。

2016年中国国际收支平衡表——经常项目如表6-4所示。

表6-4　　　　2016年中国国际收支平衡表——经常项目　　（单位：万美元）

项 目	差 额	贷 方	借 方
1. 经常项目	19 638 023	245 464 052	-225 826 030
1.A 货物和服务	24 991 389	219 792 247	-194 800 858
1.A.a 货物	49 407 700	198 951 864	-149 544 164
1.A.b 服务	-24 416 311	20 840 383	-45 256 694
1.A.b.1 加工服务	1 838 178	1 853 990	-15 812
1.A.b.2 维护和维修服务	323 969	520 219	-196 250
1.A.b.3 运输	-4 675 309	3 382 713	-8 058 022
1.A.b.4 旅行	-21 669 756	4 443 158	-26 112 914
1.A.b.5 建设	415 672	1 266 061	-850 389
1.A.b.6 保险和养老金服务	-884 890	406 379	-1 291 269
1.A.b.7 金融服务	114 070	317 418	-203 349
1.A.b.8 知识产权使用费	-2 281 838	116 120	-2 397 958
1.A.b.9 电信、计算机和信息服务	1 269 488	2 543 249	-1 273 761
1.A.b.10 其他商业服务	1 471 254	5 795 671	-4 324 417

续表

项目	差额	贷方	借方
1. A. b. 11 个人、文化和娱乐服务	-139 821	74 233	-214 054
1. A. b. 12 别处未提及的政府服务	-197 328	121 171	-318 499
1. B 初次收入	-4 401 340	22 581 796	-26 983 137
1. B. 1 雇员报酬	2 067 239	2 688 328	-621 089
1. B. 2 投资收益	-6 503 135	19 837 423	-26 340 559
1. B. 3 其他初次收入	34 556	56 045	-21 489
1. C 二次收入	-952 026	309 009	-4 042 035

（二）资本与金融项目

1. 资本项目。资本项目包含居民与非居民之间的应收和应付资本转移，以及居民与非居民之间非生产非金融资产的获得和处置。资本账户的差额表示资本转移、非生产非金融资产贷方合计与借方合计的差额。

在资本项目之中，非生产非金融资产包括自然资源、契约、租约和许可、营销资产和商誉，资本转移是资产所有权从一方向另一方变化的转移，或是使一方或双方获得与处置资产的转移，以及为债权人减免负债的转移。在记录时间方面，非生产非金融资产的获得和处置记录在所有权发生变更之时，而资本转移记录在转移支付所需条件已经满足、接收单位具有无条件要求权之时。

2016 年中国国际收支平衡表——资本项目如表 6-5 所示。

表 6-5　　　　　2016 年中国国际收支平衡表——资本项目　　　（单位：万美元）

项目	差额	贷方	借方
2.1 资本项目	-34 441	31 794	-66 235

2. 金融项目。金融项目记录的是发生在居民与非居民之间的金融资产、负债交易。其资产方表示金融资产的净获得，负债方表示金融负债的净产生。在记录方面，金融账户净额记录的是同类型资产或负债所有借方分录与所有贷方分录轧差后的汇总数据，但是金融资产变化通常不应与金融负债变化轧差取净值。在记录时间方面，金融项目交易记录在经济所有权变更之时。金融账户一般以市场价值进行记录，但不包含佣金、手续费、服务费、监管费、税收等。

直接投资（Direct Investment）是一种跨境投资，当一个经济体的居民对另一经济体居民企业实施了管理上的控制或重要影响时,即产生了直接投资关系。其中,能够对另一经济体内的另一居民实施控制或重大影响的实体或关联实体叫作直接投资者,受到直接投资者控制或重大影响的实体叫作直接投资企业。在国际收支核算中,有关直接投资的交易包含直接投资者对直接投资企业的投资、直接投资企业对直接投资者的逆向投资和居民与非居民成员企业之间的投资。直接投资可区分为本国对外直接投资(Overseas Direct Investment,ODI)和外国对内直接投资(Foreign Direct Investment,FDI)。前者指本国企业将资本运用于其他国家生产经营,并掌握一定控制权的投资行为,后者指国外投资者将资本用于本国生产经营,并掌握一定经营控制权的投资行为。

证券投资(Portfolio Investment),是指没有被列入直接投资或储备资产的、与债务或股本证券有关的跨境交易,具体包含投资基金收益再投资、可转换债券、债务废止、股票和债务回购、红利股等。金融衍生产品(Financial Derivatives)是指一种能够与其他特定金融工具、指标或商品挂钩,并可在金融市场上对特定金融风险(利率风险、外汇风险、股权和商品价格风险、信用风险等)进行交易的金融工具。其他投资(Other Investment)包含其他股权、货币和存贷款、保险和养老金、贸易信贷、特别提款权等。

(三)储备资产

储备资产(Reserve Assets),是指由货币当局控制、随时可供货币当局满足国际收支资金需求,并用于干预汇兑市场、影响货币汇率,以及用于维护人们对货币和经济的信心,或作为向外国借款基础的对外资产。储备资产必须以外币资产形式存在,且必须为实际存在的资产,而不是潜在的资产。一项资产被列为货币资产须具备如下条件:居民只能按货币当局规定条件,或是只有经货币当局明示同意情况下才能与非居民之间进行债券交易,且当局一经要求便可使用这些债券满足国际收支融资需求和用于其他有关目的;储备资产具有法律或具有法律约束力的合约来确认代理角色。

(四)净误差与遗漏

尽管国际收支平衡表在理论上应当是平衡的,但是实践中由于受数据来源和编制过程的影响,通常会存在不平衡问题。净误差与遗漏(Net Errors and Omissions)登录的正是这些不平衡问题。就测算而言,净误差与遗漏项目是金融账户"净贷款/净借款"减去经常账户、资本账户"净贷款/净借款"残差项。实践中，净误差与遗漏项目的符号反映经济体的特定问题，或是数据质量问题。如果符号连续不变，那么便表明一个或多个项目存在偏误：若净误差与遗漏项目持续为正，则表明经常项目、资本项目贷项值过低或是借项值过高，金融账户资产净增加过高或是负债净增加过低；反之亦然。如果净额波动，则表明记录时间可能存在问题。虽然净误差与遗漏项目有助于找出问题，却不是一个理想的衡量指标。

2016年中国国际收支平衡表——金融项目、储备资产、净误差与遗漏如表6-6所示。

表6-6 2016年中国国际收支平衡表——金融项目、储备资产、净误差与遗漏 （单位：万美元）

项目	差额	资产	负债
2.2 金融项目	2 667 230	-21 743 006	24 410 236
2.2.1 非储备性质的金融账户	-416 699 229	-66 109 465	24 410 236
2.2.1.1 直接投资	-4 664 642	-21 720 294	17 055 653
2.2.1.1.1.1 股权		-14 842 225	16 418 241
2.2.1.1.1.2 关联企业债务		-6 878 070	637 411
2.2.1.2 证券投资	-6 218 307	-10 339 573	4 121 266
2.2.1.2.1.1 股权		-3 853 965	1 894 531
2.2.1.2.1.2 债券		-6 485 608	2 226 735
2.2.1.3 金融衍生工具	-465 776	-689 552	223 776
2.2.1.4 其他投资	-30 350 504	-33 360 046	2 009 542
2.2.1.4.1.1 其他股权		-163	
2.2.1.4.1.2 货币和存款		-4 348 336	1 015 118
2.2.1.4.1.3 贷款		-11 472 179	-1 956 907
2.2.1.4.1.4 保险和养老金		-28 359	-57 371
2.2.1.4.1.5 贸易信贷		-10 080 000	1 620 000
2.2.1.4.1.6 其他		-7 431 009	2 388 701
2.2.1.4.1.7 特别提款权			
2.2.2 储备资产	44 366 460	44 366 460	
2.2.2.1 货币黄金			
2.2.2.2 特别提款权		32 624	
2.2.2.3 在基金组织的储备头寸		-534 220	
2.2.2.4 外汇储备		44 868 055	
2.2.2.5 其他储备债权			
四、净误差与遗漏	-22 270 813		

二、国际投资头寸分析指标

国际投资头寸分析指标来源于国际投资头寸表交易项目，表示特定时点上一经济体居民持有的、对非居民的金融资产价值和作为储备的黄金，以及对非居民的金融负债情况。经济体对外资产和负债的差额为经国际投资头寸。若对外资产存量大于对外负债，那么净投资头寸为正；若对外资产存量小于对外负债存量，那么净投资头寸为负。依据职能类别进行分类，国际投资头寸表交易项目可细分为直接投资、证券投资、金融衍生产品（储备除外）和雇员认股权、其他投资、储备资产等。

（一）净国际投资头寸

净国际投资头寸是经济体对外金融资产减去对外金融负债的差额，反映一经济体与世界其他国家之间过去借入或借出资金而尚未偿清的净存量。净国际投资头寸可以为正值，也可以为负值。当一经济体的净国际投资头寸为正值时，经济体内居民拥有对世界其他国家的净债权；当一经济体的净国际投资头寸为负值时，经济体内居民对世界其他国家负有净债务。

（二）直接投资

直接投资是一种跨境投资，当一个经济体的居民对另一经济体居民企业实施了管理上的控制或重要影响时，即产生了直接投资关系。在直接投资头寸记录的细节方面，对于未上市股权和其他股权的记值，若股份和其他股权在证券交易所或其他金融市场定期交易，那么直接以当前交易价格记录；若股权未在证券交易所上市，通常发生在直接投资企业、私募股权、未上市和退市公司股权等，那么就没有可观测的市场价格，此时须经历价值估算。可能的估算方法包括，近期（过往年度）的交易价格、净资产值、现值和市盈率、市价总值、按账面价值入账的自有资金、分摊全球价值等估算。在代表其关联企业借款的实体方面，经济体内居民可代表其在一个或一个以上其他经济体内的关联企业筹措资金，关联企业可包括控股公司、母公司、直接投资企业和联署企业。

（三）证券投资

证券投资是指没有被列入直接投资或储备资产，与债务或股本证券有关的跨境头寸。针对股息已宣布应付但未能实付的股本，因之产生的股息应被列入股票价格。当确定股东对股票的所有权后，股票即进入"除息"时刻，在该时刻后，已宣布股息应计入应收/应付款，直至款项支付完毕。对于含有应计利息的债务工具，债券尚未支付的应计利息应计入金融资产或负债余额，尚未支付的应计利息包括已经发生、付款未能到期的利息，或是付款到期但拖欠的利息。针对机构单位出售其不拥有经济所有权的证券而发生的空头头寸，应通过使用借入的证券完成向购买者的交付。空头头寸方对资产的持有计为负值。对未上市债务和股本证券，如果没有可观测市场价格，可采用直接投资股权计值方法。对于按名义价值计值的债务证券，建议以名义价值计值。

（四）金融衍生工具

金融衍生工具以资产负债表记录日的市场价格计值，若无市场价格数据，可用公允价值法计值。期权（含认股权证）应以期权当前市场价值记录，若无市场价格数据，可估算买断期权持有人权利的成本。远期合约的市场价值可在报告日从资产头寸转为负债头寸，或是从负债头寸转为资产头寸。总资产头寸、总负债头寸的价值应通过分别加总单个合约价值呈现。

（五）其他投资

在其他投资中，对贷款、存款、其他应收/应付款等不可转让金融工具而言，其头寸主要以名义价值计值。尚未支付的应计利息应计入金融资产/负债余额之中。名义价值无须对预期损失或利率变动进行调整，但名义价值会因为注销、重组或债务减免而减少。然而，不可转让金融工具以名义价值记录，却并不能完整地反映债权人头寸，应在贷款中引入公允价值、不良贷款、贷款损失（坏账）准备等附加项目，以提供充足信息。在公允价值方面，公允价值的计算需考虑预期贷款损失。针对固定利率贷款，还须考虑市场利率的变化。在不良贷款记录方面，不良贷款需以名义价值记录，以便同贷款总值进行比较，该价值也应包含尚未支付的应计利息。对于贷款损失准备而言，国际会计准则允许采用不同方法提取准备金，因而企业间、经济体间提取贷款损失准备的方法可能存在差异。对于存款和其他应收/应付款而言，同样应当以名义价值记录。但是，如果名义价值与公允价值之间存在重大差异，那么同样应将公允价值作为补充项目进行列示。保险技术准备金，应被视为保险公司负债、保单持有人和受益人资产。

2016年中国国际投资头寸情况如表6-7所示。

第六章 国际收支数据分析

表 6-7　　　　　　　　2016 年中国国际投资头寸表　　　　　　　　（单位：亿美元）

项目	头寸
净头寸	18 005
资产	64 666
1. 直接投资	13 172
1.1 股权	10 650
1.2 关联企业债务	2 522
1.a 金融部门	/
1.1.a 股权	/
1.2.a 关联企业债务	/
1.b 非金融部门	/
1.1.b 股权	/
1.2.b 关联企业债务	/
2 证券投资	3 651
2.1 股权	2 149
2.2 债券	1 502
3 金融衍生工具	52
4 其他投资	16 811
4.1 其他股权	1
4.2 货币和存款	3 816
4.3 贷款	5 622
4.4 保险和养老金	123
4.5 贸易信贷	6 145
4.6 其他	1 105
5 储备资产	30 978
5.1 货币黄金	679
5.2 特别提款权	97
5.3 在国际货币基金组织的储备头寸	96
5.4 外汇储备	30 105
5.5 其他储备资产	2
负债	46 660
1. 直接投资	28 659
1.1 股权	26 543
1.2 关联企业债务	2 117
1.a 金融部门	/
1.1.a 股权	/
1.2.a 关联企业债务	/
1.b 非金融部门	/
1.1.b 股权	/
1.2.b 关联企业债务	/

续表

项目	头寸
2. 证券投资	8 086
2.1 股权	5 927
2.2 债券	2 159
3 金融衍生工具	66
4 其他投资	9 849
4.1 其他股权	0
4.2 货币和存款	3 156
4.3 贷款	3 236
4.4 保险和养老金	88
4.5 贸易信贷	2 883
4.6 其他	391
4.7 特别提款权	94

第三节 国际收支分析应用示例

一、货物和服务贸易规模分析

【例题】基于中国国际收支平衡表，分析我国1982—2016年间的货物和服务贸易规模。

【解答】货物和服务贸易规模＝货物贸易规模＋服务贸易规模＝（货物出口－货物进口）＋（服务出口－服务进口）

就货物和服务贸易总规模（见表6-8）而言，如图6-1所示，1982—2016年，我国货物和服务贸易总额由1982年的404亿美元增长至2016年的41 459亿美元，年均增长14.59%，表明我国经济同其他国家的联系总体而言持续增强。与长期增长趋势不同的是，我国2014—2016年间的货物和服务贸易总额下降趋势明显，2015年较2014年降低7.27%，2016年较2015年降低4.96%，表明我国经济同其他国家的联系有所减弱。具体而言，这种情况是由货物出口增速较货物进口增速下降更快所致，而服务贸易在此期间仍呈现微弱的上涨趋势。就货物和服务贸易规模的对比情况而言，如图6-2所示，1982—2016年间的货物贸易规模与服务贸易规模几乎保持相同的增长速度，致使我国货物贸易规模同服务贸易规模的比重稳定地处于10%—25%的区间，平均占比15.82%。在货物贸易的多种分类之中，运输与旅行始终占据较高比例，运输服务贸易规模平均占服务贸易总规模的29.29%，旅行服务贸易规模平均占服务贸易总规模的30.87%。

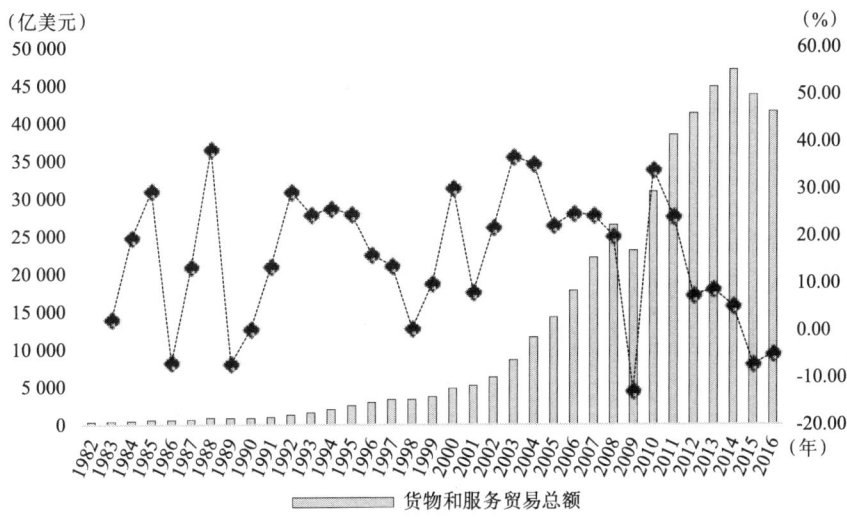

图6-1 货物和服务贸易总额

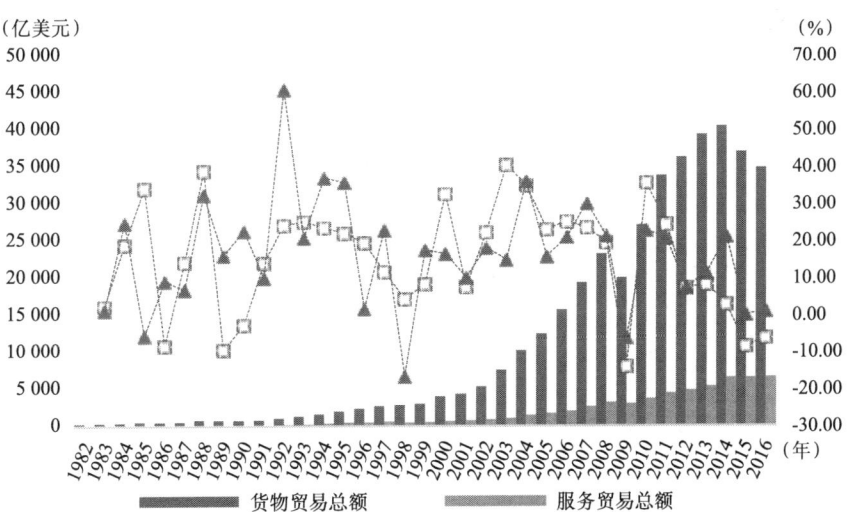

图6-2 货物贸易总额、服务贸易总额比较

表 6-8　　货物和服务贸易差额、总额、增长率

（单位：亿美元）

项目	货物和服务贸易					货物贸易					服务贸易				
	差额	贷方	借方	总额	增长率	差额	贷方	借方	总额	增长率	差额	贷方	借方	总额	增长率
1982年	48	226	-178	404	/	42	199	-158	357	/	6	27	-20	47	/
1983年	26	220	-194	413	2.36%	18	192	-174	366	2.49%	8	28	-20	48	1.40%
1984年	1	248	-247	495	19.67%	-2	217	-219	435	18.99%	2	31	-29	59	24.95%
1985年	-125	258	-383	641	29.57%	-131	227	-358	585	34.36%	6	31	-25	56	-5.48%
1986年	-74	262	-336	598	-6.72%	-90	223	-313	537	-8.25%	16	39	-23	61	9.17%
1987年	3	341	-338	679	13.48%	-13	300	-313	613	14.22%	16	41	-25	66	6.99%
1988年	-41	449	-490	939	38.40%	-56	398	-454	852	39.02%	15	51	-36	87	32.55%
1989年	-49	412	-461	873	-7.03%	-72	350	-422	772	-9.40%	23	62	-39	101	16.18%
1990年	107	491	-385	876	0.32%	70	411	-341	752	-2.62%	37	81	-44	124	22.80%
1991年	116	555	-439	995	13.58%	62	460	-398	858	14.15%	54	95	-41	137	10.09%
1992年	50	668	-618	1 287	29.36%	19	543	-524	1 067	24.32%	31	126	-94	220	61.05%
1993年	-118	743	-861	1 604	24.60%	-143	597	-740	1 337	25.36%	25	146	-120	266	20.92%
1994年	74	1 046	-973	2 019	25.88%	35	844	-810	1 654	23.65%	39	202	-163	365	37.11%
1995年	120	1 319	-1 199	2 518	24.72%	128	1 074	-947	2 021	22.23%	-8	244	-252	496	36.02%
1996年	176	1 548	-1 373	2 921	16.01%	122	1 268	-1 147	2 415	19.49%	54	280	-226	506	1.86%
1997年	428	1 874	-1 446	3 321	13.69%	366	1 532	-1 167	2 699	11.74%	63	342	-280	622	23.02%
1998年	438	1 888	-1 449	3 337	0.48%	456	1 637	-1 181	2 818	4.41%	-18	251	-268	519	-16.58%
1999年	306	1 987	-1 681	3 668	9.92%	329	1 693	-1 364	3 057	8.51%	-23	294	-317	610	17.59%

第六章　国际收支数据分析

续表

项目	货物和服务贸易					货物贸易					服务贸易				
	差额	贷方	借方	总额	增长率	差额	贷方	借方	总额	增长率	差额	贷方	借方	总额	增长率
2000年	288	2 531	−2 243	4 774	30.17%	299	2 181	−1 881	4 062	32.86%	−11	350	−362	712	16.67%
2001年	281	2 721	−2 440	5 160	8.09%	282	2 329	−2 047	4 376	7.73%	−1	392	−393	784	10.19%
2002年	374	3 330	−2 956	6 286	21.82%	377	2 868	−2 491	5 359	22.46%	−3	462	−465	928	18.24%
2003年	358	4 480	−4 121	8 601	36.82%	398	3 966	−3 568	7 535	40.60%	−40	513	−553	1 066	14.97%
2004年	512	6 074	−5 562	11 635	35.28%	514	5 349	−4 835	10 183	35.15%	−2	725	−727	1 452	36.18%
2005年	1 246	7 733	−6 487	14 221	22.22%	1 243	6 890	−5 647	12 538	23.12%	3	843	−840	1 683	15.87%
2006年	2 089	9 917	−7 828	17 745	24.79%	2 068	8 887	−6 820	15 707	25.28%	21	1 030	−1 008	2 038	21.12%
2007年	3 080	12 581	−9 500	22 081	24.43%	3 028	11 227	−8 199	19 426	23.68%	52	1 353	−1 301	2 654	30.24%
2008年	3 488	14 979	−11 490	26 469	19.87%	3 445	13 346	−9 901	23 246	19.66%	44	1 633	−1 589	3 223	21.40%
2009年	2 201	12 627	−10 425	23 052	−12.91%	2 355	11 191	−8 836	20 027	−13.85%	−153	1 436	−1 589	3 025	−6.13%
2010年	2 230	16 564	−14 334	30 898	34.04%	2 381	14 781	−12 400	27 181	35.72%	−151	1 783	−1 934	3 717	22.89%
2011年	1 819	20 089	−18 269	38 358	24.14%	2 287	18 078	−15 791	33 869	24.61%	−468	2 010	−2 478	4 489	20.75%
2012年	2 318	21 751	−19 432	41 183	7.37%	3 116	19 735	−16 619	36 355	7.34%	−797	2 016	−2 813	4 829	7.57%
2013年	2 354	23 556	−21 202	44 758	8.68%	3 590	21 486	−17 896	39 382	8.33%	−1 236	2 070	−3 306	5 376	11.34%
2014年	2 213	24 629	−22 416	47 045	5.11%	4 350	22 438	−18 087	40 525	2.90%	−2 137	2 191	−4 329	6 520	21.28%
2015年	3 579	23 602	−20 023	43 624	−7.27%	5 762	21 428	−15 666	37 093	−8.47%	−2 183	2 174	−4 357	6 531	0.17%
2016年	2 499	21 979	−19 480	41 459	−4.96%	4 941	19 895	−14 954	34 850	−6.05%	−2 442	2 084	−4 526	6 610	1.20%

二、经常账户差额分析

【例题】基于中国国际收支平衡表,分析我国1982—2016年的经常账户差额。

【解答】经常账户差额=货物和服务差额+初次收入差额+二次收入差额

如图6-3所示,我国1982—2016年的经常账户差额由微弱顺差逐步发展至稳定的高顺差。自1994年起,我国已连续23年出现经常项目顺差,其中,2005年经常账户顺差首次超过1 000亿美元,较2004年增长92%,2007年、2008年经常账户顺差均超过4 000亿美元,占当年GDP比率高达10%以上,不仅表明对应时段国际市场对我国产品的需求激增,也表明我国在此阶段大力推行出口导向型发展模式,使得我国迅速融入国际生产分工体系,并成为全球生产制造基地和各类制成品出口基地。自2008年全球金融危机后,经常账户差额虽仍保持顺差,但较前一时期而言显著下降,2009—2016年的经常账户差额平均为2 147亿美元,较2006—2008年平均差额3 352亿美元下降35.96%,这主要是由金融危机引起的全球经济低迷引起的。就经常账户差额的构成来看,货物贸易顺差始终是中国经常账户顺差的主要来源,而服务贸易在35年间有16年出现逆差,特别是在2009—2016年逆差持续扩大,初次收入除少数年份以外均为逆差,二次收入自2013年起也呈现明显逆差(见表6-9)。

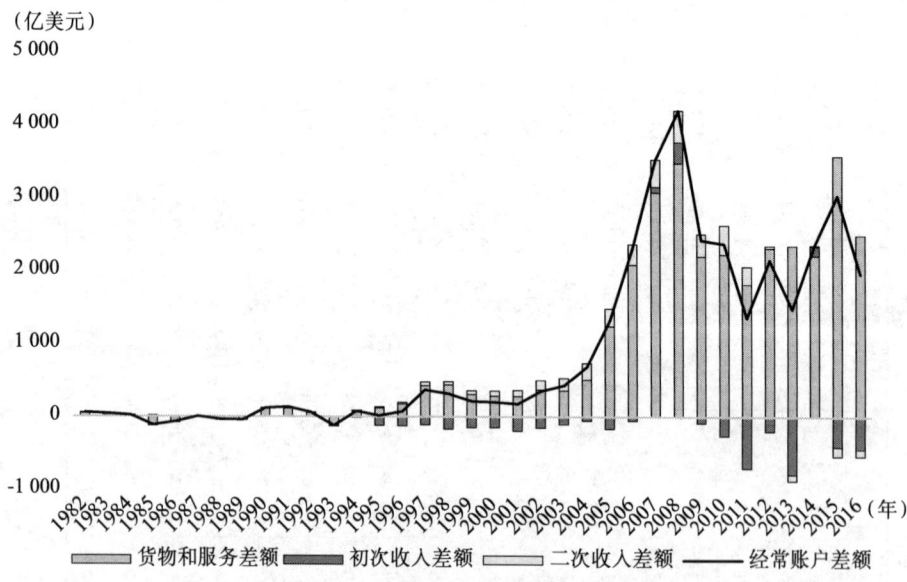

图6-3 经常账户差额及构成

第六章 国际收支数据分析

表6-9　　　　　　　　　　经常账户差额及构成　　　　　　　　（单位：亿美元）

项目	经常账户差额	货物和服务差额	货物差额	服务差额	初次收入差额	二次收入差额
1982年	57	48	42	6	4	5
1983年	42	26	18	8	12	5
1984年	20	1	-2	2	15	4
1985年	-114	-125	-131	6	8	2
1986年	-70	-74	-90	16	0	4
1987年	3	3	-13	16	-2	2
1988年	-38	-41	-56	15	-2	4
1989年	-43	-49	-72	23	2	4
1990年	120	107	70	37	11	3
1991年	133	116	62	54	8	8
1992年	64	50	19	31	2	12
1993年	-119	-118	-143	25	-13	12
1994年	77	74	35	39	-10	13
1995年	16	120	128	-8	-118	14
1996年	72	176	122	54	-124	21
1997年	370	428	366	63	-110	51
1998年	315	438	456	-18	-166	43
1999年	211	306	329	-23	-145	49
2000年	204	288	299	-11	-147	63
2001年	174	281	282	-1	-192	85
2002年	354	374	377	-3	-149	130
2003年	431	358	398	-40	-102	174
2004年	689	512	514	-2	-51	229
2005年	1 324	1 246	1 243	3	-161	239
2006年	2 318	2 089	2 068	21	-51	281
2007年	3 532	3 080	3 028	52	80	371
2008年	4 206	3 488	3 445	44	286	432
2009年	2 433	2 201	2 355	-153	-85	317
2010年	2 378	2 230	2 381	-151	-259	407
2011年	1 361	1 819	2 287	-468	-703	245
2012年	2 154	2 318	3 116	-797	-199	34
2013年	1 482	2 354	3 590	-1 236	-784	-87
2014年	2 360	2 213	4 350	-2 137	133	14
2015年	3 042	3 579	5 762	-2 183	-411	-126
2016年	1 964	2 499	4 941	-2 442	-440	-95

三、净误差与遗漏项目分析

【例题】基于中国国际收支平衡表,分析我国 1982—2016 年间的净误差与遗漏项目。

【解答】净误差与遗漏差额 = -(经常账户差额 + 资本和金融账户差额 + 储备资产差额)

作为国际收支平衡表平衡项目,净误差与遗漏项目是因统计资料非完整、统计时间和计价标准非一致、货币换算因素等而形成。首先,统计资料非完整,如商品走私、携带大量外币出境的现象难以统计,"热钱"以非正常渠道出入国境,致使部分交易未被记录。其次,统计时间、计价标准非一致,部分数据来自海关、部分数据来自银行业报表,不同的统计口径会造成重复记录或遗漏。此外,货币换算因素也将引致误差与遗漏项目变化。净误差与遗漏项目为正,表明国际收支平衡表贷方总计大于借方总计;净误差与遗漏项目为负,则表明国际收支平衡表借方总计大于贷方总计。根据国际惯例,净误差与遗漏项目占同期货物进出口额比重在正负 5% 范围内,可视为正常波动。如图 6-4 所示,我国净误差与遗漏项目占比近年来已超出 5% 范围,但净误差与遗漏项目负值规模并不等同于资本外逃,对经常项目顺差的高估同样将引致净误差与遗漏项目较大的负值规模。

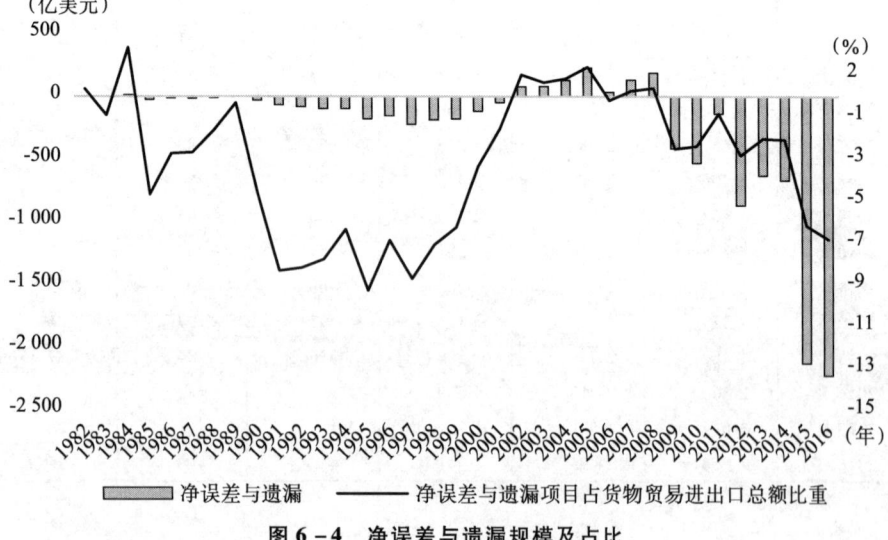

图 6-4　净误差与遗漏规模及占比

1982—2016年我国净误差与遗漏项目情况如表6-10所示。

表6-10　　　　　　　净误差与遗漏项目　　　　　（单位：亿美元）

项　目	净误差与遗漏	项　目	净误差与遗漏
1982年	3	2000年	-118
1983年	-2	2001年	-49
1984年	12	2002年	78
1985年	-25	2003年	82
1986年	-12	2004年	130
1987年	-14	2005年	229
1988年	-10	2006年	36
1989年	1	2007年	133
1990年	-31	2008年	188
1991年	-68	2009年	-414
1992年	-83	2010年	-529
1993年	-98	2011年	-138
1994年	-98	2012年	-871
1995年	-178	2013年	-629
1996年	-155	2014年	-669
1997年	-223	2015年	-2 130
1998年	-187	2016年	-2 227
1999年	-178	—	—

四、国际投资头寸分析

【例题】基于中国国际投资头寸表，分析我国2004—2016年间的国际投资头寸。

【解答】如表6-11所示，我国对外金融资产、金融负债均呈现显著的增长趋势，且对外金融资产增长速度较对外金融负债更快，由此引致国际投资头寸在2004—2016年间持续增长（见图6-5）。然而，与此前国际投资头寸规模相比，2014—2016年间的国际投资头寸有所降低，这部分归结于汇率和价格等非交易原因引起的账面价值波动，部分归结于相关机构向上修正对外负债历史数据引致的对外负债增长。细分对外金融资产构成可知，储备资产长期作为其主要构成部分，平均占62.97%，但该占比近年来有所降低。与此同时，我国对外直接投资、我国对外证券投资、我国对外其他投资规模正显著增加，表明我国企业"走出去"步伐正在加快。细分对外金融负债构成可知，外国对华直接投资是我国对外金融负债的主要构成部分。2016年外国对华金融衍生品投资规模显著增加,但外国对华直接投资增速、外国对华证券投资增速、外国对华其他投资增速均明显下滑,致使外国对华金融负债增速降至7.63%。

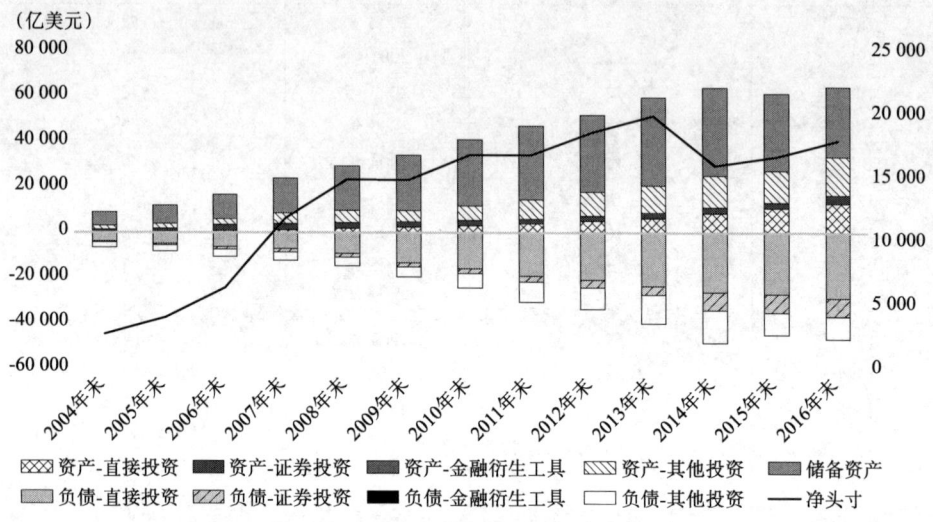

图6-5 中国国际投资头寸表资产构成

表6-11 中国国际投资头寸表 (单位:亿美元)

项目	净头寸	资产	直接投资	证券投资	金融衍生工具	其他投资	储备资产	负债	直接投资	证券投资	金融衍生工具	其他投资
2004年末	2 764	9 291	527	920	0	1 658	6 186	6 527	3 690	566	0	2 271
2005年末	4 077	12 233	645	1 167	0	2 164	8 257	8 156	4 715	766	0	2 675
2006年末	6 402	16 905	906	2 652	0	2 539	10 808	10 503	6 144	1 207	0	3 152
2007年末	11 881	24 162	1 160	2 846	0	4 683	15 473	12 281	7 037	1 466	0	3 778
2008年末	14 938	29 567	1 857	2 525	0	5 523	19 662	14 629	9 155	1 677	0	3 796
2009年末	14 905	34 369	2 458	2 428	0	4 952	24 532	19 464	13 148	1 900	0	4 416
2010年末	16 880	41 189	3 172	2 571	0	6 304	29 142	24 308	15 696	2 239	0	6 373
2011年末	16 884	47 345	4 248	2 044	0	8 495	32 558	30 461	19 069	2 485	0	8 907
2012年末	18 665	52 132	5 319	2 406	0	10 527	33 879	33 467	20 680	3 361	0	9 426
2013年末	19 960	59 861	6 605	2 585	0	11 867	38 804	39 901	23 312	3 865	0	12 724
2014年末	16 028	64 383	8 826	2 625	0	13 938	38 993	48 355	25 991	7 962	0	14 402
2015年末	16 728	61 558	10 959	2 613	36	13 889	34 061	44 830	26 963	8 170	53	9 643
2016年末	18 005	64 666	13 172	3 651	52	16 811	30 978	46 660	28 659	8 086	66	9 849

为了保证各种核算之间的内在一致性,国民经济核算对整个社会再生产过

程各环节所发生的一切交易，原则上采用权责发生制的核算确认方法予以记录。货物的总产出在货物制成时记录；服务的产出在提供服务时记录；商业活动的产出在销售商品时，即货物所有权发生变更时记录；中间消耗在货物和服务投入生产过程时记录。当然，在实际过程中，对服务投入来说，两种记录时间是一致的，但对货物来说，两种记录时间又往往是不同的。

在估价方面，可按以下三种价值进行估价：

(1) 基本价值 = 要素成本 + 中间投入成本 + 商品税净额以外的间接税净额

(2) 生产者价值 = 基本价值 + 商品税净额

(3) 购买者价值 = 生产者价值 + 商业费用 + 运输费用

要素成本指物质产品和劳务的生产中，生产者的工资、利润、利息、租金等组成的价格。中间投入成本包括购买原材料等项所支付的全部费用。商品税净额则是分配给商品产出和商品使用的那些间接税和津贴。

我国国民经济核算主要采用两种价格形式，即生产者价格和购买者价格。生产者价格和购买者价格都是市场价格，前者从生产者角度估价，即生产单位的产品出厂价格，后者从购买者角度估价，即购买者支付的价格。生产核算中，产出通常按生产者价格估价，中间消耗则按购买者价值估价。

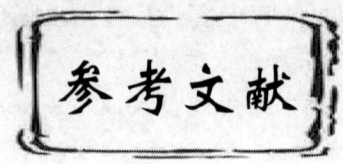

[1] 高敏雪、施发启等译. 国民经济核算体系2008 [M]. 中国统计出版社, 2012.

[2] OECD. Measuring Capital – OECD Manual (Second Edition) [M]. OECD Publication, 2009.

[3] OECD, Eurostat. Eurostat – OECD. Compilation guide on Inventories [M]. Luxembourg: Publications Office of the European Union, 2017.

[4] IMF. Monetary and Financial Statistics Manual and Compilation Guide [M]. International Monetary Fund, 2016.

[5] IMF. Financial Soundness Indicators: Compilation Guide [M]. International Monetary Fund, 2006.

[6] 国际货币基金组织. 国际货币基金组织协定 [M]. 中国金融出版社, 1995.

[7] 国际货币基金组织. 国际收支和国际投资头寸手册（第六版）[M]. 国际货币基金组织, 2009.

[8] 联合国. 2010年国际商品贸易统计：概念和定义 [M]. 联合国, 2011.

[9] Meade J E. The Theory of International Economic Policy: Volume I [M]. Oxford: Oxford University Press, 1951.

[10] Meade J E. The Theory of International Economic Policy: Volume II [M]. Oxford: Oxford University Press, 1955.

［11］许宪春. 经济分析与统计解读2014—2015［M］. 北京大学出版社, 2015.

［12］许宪春. 中国国民经济核算与分析［M］. 中国财政经济出版社, 2001.

［13］邱东. 国民经济统计学（第二版）［M］. 高等教育出版社, 2011.

［14］杨灿. 国民核算与分析通论［M］. 中国统计出版社, 2005.

［15］朱启贵. 金融调控与资金流量核算［M］. 上海交通大学出版社, 2000.

［16］国家统计局. 中国国民经济核算（2002）［M］. 中国统计出版社, 2003. 闵庆全. 国民经济核算综论［M］. 经济科学出版社, 1989.

［17］赵彦云. 宏观经济统计分析［M］. 中国人民大学出版社, 1999.

［18］高敏雪等. 国民经济核算原理与中国实践［M］. 中国人民大学出版社, 2013.

［19］杨廷干. 国民经济核算理论与方法［M］. 中国财政经济出版社, 2014.

［20］杜金富. 货币与金融统计学（第三版）［M］. 中国金融出版社, 2013.

［21］蒋萍, 徐强, 杨仲山. 国民经济核算初级教程［M］. 中国统计出版社, 2014.

［22］向蓉美, 杨作㿿, 王青华. 国民经济核算及分析［M］. 西南财经大学出版社, 2005.

［23］李扬, 张晓晶, 常欣. 中国国家资产负债表2015：杠杆调整与风险管理［M］. 中国社会科学出版社, 2015.

［24］杨志勇, 张斌, 汤林闽. 中国政府资产负债表（2017）［M］. 社会科学文献出版社, 2017.

［25］李扬, 张晓晶, 常欣等. 中国国家资产负债表2015——杠杆调整与风险管理［M］. 中国社会科学出版社, 2015.

［26］杜金富等. 政府资产负债表：基本原理及中国应用［M］. 中国金融出版社, 2015.

［27］杜金富. 国际收支统计［M］. 中国金融出版社, 2011.

［28］向蓉美. 国民经济核算及分析［M］. 西南财经大学出版社, 2005.

［29］Li Y, Zhang X. Preparation and Analysis of China's Sovereign Balance

Sheet [M]. China's National Balance Sheet. Springer Singapore, 2017.

[30] 金红. GDP 与 GNI 刍议 [J]. 统计科学与实践, 2014 (6): 15-16.

[31] 刘树成, 张晓晶. 中国经济持续高增长的特点和地区间经济差异的缩小 [J]. 经济研究, 2007 (10): 17-31.

[32] 沈坤荣, 马俊. 经济增长的收敛性: 一个理论分析框架 [J]. 江苏行政学院学报, 2002 (3): 52-59.

[33] 刘伟, 蔡志洲. 新时代中国经济增长的国际比较及产业结构升级 [J]. 管理世界, 2018 (1): 16-24.

[34] 朱国忠, 乔坤元, 虞吉海. 中国各省经济增长是否收敛? [J]. 经济学 (季刊), 2014, 13 (3): 1171-1194.

[35] 金相郁, 武鹏. 中国区域经济发展差距的趋势及其特征——基于 GDP 修正后的数据 [J]. 南开经济研究, 2010 (1): 79-96.

[36] 管卫华, 林振山, 顾朝林. 中国区域经济发展差异及其原因的多尺度分析 [J]. 经济研究, 2006 (7): 117-125.

[37] 周建, 张敏. 中国省际 GDP 强影响性特征及其形成机制研究 [J]. 统计研究, 2014, 31 (9): 37-43.

[38] 钱伯海. 确认"三产"贵在宏观思考 [J]. 经济学家, 2002 (3): 43-49.

[39] 邱东. 国民经济核算史论 [J]. 统计研究, 1997 (4): 65-72.

[40] 赵彦云. 宏观经济统计分析发展的基本问题 [J]. 经济理论与经济管理, 2013, 33 (5): 23-34.

[41] 刘伟, 蔡志洲. 从国民收入国际比较的新变化看中国现代化进程 [J]. 经济纵横, 2015 (1): 38-45.

[42] 倪玉平, 徐毅, 范鲁文·巴斯. 中国历史时期经济总量估值研究——以 GDP 的测算为中心 [J]. 中国社会科学, 2015 (5): 187-202.

[43] 朱启贵. 国民经济核算体系构建的理念与变革——基于发展观演进历程的分析 [J]. 人民论坛·学术前沿, 2013 (1): 68-73+95.

[44] 林毅夫, 蔡昉, 李周. 中国经济转型时期的地区差距分析 [J]. 经济研究, 1998 (6): 3-10.

[45] 林毅夫, 蔡昉, 李周. 中国经济转型时期的地区差距分析 [J]. 经济研究, 1998 (6): 3-10.

[46] 许宪春. 我国经济结构的变化与面临的挑战 [J]. 国家行政学院学

报，2015（6）：4-11.

[47] 贾帅帅，徐滇庆. 我国 GNI 核算与数据质量评估 [J]. 统计研究，2017，34（2）：10-22.

[48] Copeland M A. A Study of Money Flows in the United States [J]. Nber Books, 1952, 4 (4): 247.

[49] Copeland M A. Social Accounting for Money Flows [J]. Accounting Review, 1949, 24 (3): 254-264.

[50] Dawson J C. The Asian crisis and flow-of-funds analysis [J]. Review of Income & Wealth, 2010, 50 (2): 243-260.

[51] 白重恩，钱震杰. 谁在挤占居民的收入——中国国民收入分配格局分析 [J]. 中国社会科学，2009（5）.

[52] 贝多广，骆峰. 资金流量分析方法的发展和应用 [J]. 经济研究，2006（2）.

[53] 方亦圆. 我国劳动者报酬占比再估算及中美比较 [D]. 浙江大学，2012.

[54] 甘寿国. 从资金流量表看我国资金流动及融资结构 [J]. 南方经济，2002（6）.

[55] 贾小爱. 资金流量核算研究进展 [J]. 经济统计学（季刊），2015（2）.

[56] 李扬. 中国高储蓄率问题探究：1992—2003 年中国资金流量表的分析 [J]. 经济研究，2007（6）.

[57] 刘瑞兴. 部门间资金流量表系数矩阵的编制及应用 [J]. 经济统计学（季刊），2015（2）.

[58] 刘扬. 对近年来我国国民收入分配格局的研究——兼论税收在国民收入分配过程中的作用 [J]. 税务研究，2002（9）.

[59] 罗煜，贝多广. 资金流量分析方法的最新进展 [J]. 经济学动态，2015（2）.

[60] 罗云开，申睿波. 我国储蓄和投资近年来的变动趋势和特点：基于资金流量表的分析 [J]. 上海金融，2010（9）.

[61] 师家升. 中国国际收支失衡的原因及平衡对策研究 [D]. 云南大学，2016.

[62] 宋旺，钟正生. 中国金融脱媒度量及国际比较 [J]. 当代经济科

学,2010（3）.

［63］徐文舸. 国内总储蓄率高企及居民消费了下降的分解与探究［J］. 社会科学研究,2017（1）.

［64］许宪春. 财产收入与其他几种类型收入的区分问题［J］. 财贸经济,2013（2）.

［65］杨光. 中国金融脱媒测度及对商业银行发展的启示［J］. 中国物价,2013（4）.

［66］余文建,傅勇. 资金流量表视角下的货币政策：国际实践及其在中国的潜在应用［J］. 国际金融研究,2012（7）.

［67］张南. 矩阵式资金流量表与风险波及测算［J］. 统计研究,2013（6）.

［68］白重恩,钱震杰. 谁在挤占居民的收入：中国国民收入分配格局分析［J］. 中国社会科学,2009（5）.

［69］耿建新,胡天雨,刘祝君. 我国国家资产负债表与自然资源资产负债表的编制与运用初探——以 SNA 2008 和 SEEA 2012 为线索的分析［J］. 会计研究,2015（1）.

［70］张晓晶,刘磊. 国家资产负债表视角下的金融稳定［J］. 经济学动态,2017（8）：31 - 42.

［71］Vines D, Weale M. James Meade［J］. Economic Journal, 2009, 119 (541)：F423 - F429.

［72］国家外汇管理局. 2014 年中国国际收支报告［R/OL］. http：// www. safe. gov. cn, 2015.

［73］李金华. 国际收支统计核算体系的演进脉络及历史贡献［J］. 国外社会科学,2017（5）：34 - 44.

［74］张明. 中国国际收支双顺差：演进前景及政策涵义［J］. 上海金融,2012（6）：3 - 9.

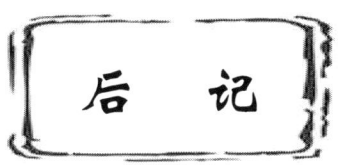

后　记

　　经济数据分析介于逻辑思辨与统计模型分析之间，是经济数量分析全流程的一个基础环节，没有科学的经济数据，经济数量分析就只是一种精致的数学游戏。本书是为应用型本科教学改革需要而编写的，希望帮助学生正确解读经济数据，科学地阅读和使用统计报表和统计资料。

　　本书由杨廷干设计编写大纲并统稿，各章编写者为杨廷干（第一、三章），李佩瑾（第二、四、五、六章）。

作者